De cirkel van goede intenties

De cirkel van goede intenties

De economie van het publieke belang

Coen Teulings

Lans Bovenberg

Harry van Dalen

SEO Economisch Onderzoek, Universiteit van Amsterdam

Universiteit van Tilburg

Erasmus Universiteit van Rotterdam, SEOR-ECRI en Nederlands Interdisciplinair Demografisch Instituut, Den Haag

Amsterdam University Press

Omslagillustratie: met dank aan De Nederlandsche Bank N.V., afdeling Communicatie

Omslagontwerp: Sabine Mannel, NAP, Amsterdam
Vormgeving binnenwerk: Het Steen Typografie, Maarssen

ISBN 90 5356 817 4
NUR 781

Inhoudsopgave

Ten geleide

Veel overheidsinitiatieven beginnen met goede intenties en met hoge verwachtingen van wat een overheid vermag. In de praktijk vervallen politici, beleidsmakers en burgers in hun enthousiasme echter steeds in dezelfde fouten. Achteraf wordt vaak met enige teleurstelling geconstateerd dat de doeleinden niet zijn gerealiseerd en wat rest is frustratie bij burgers en politici. Waar zitten de wortels van het falen van de goede intenties?

Economen laveren tussen twee droomwerelden. In de ene wereld bestaat de droom van de volledige keuzevrijheid en in de andere wereld heerst de droom van de gemeenschap, het collectief waar alles samenkomt en waar de centrale machthebber alle besluiten voor de gemeenschap neemt. Het Utopia van de volledige keuzevrijheid wordt aangehangen door de 'onzichtbare hand'-econoom. Het Utopia van de sociale planner die alle beslissingsmacht toegeschoven krijgt, past het beste bij de sociale ingenieur, of zoals Shleifer en Vishny (1998) dit type noemen: de 'helping hand'-econoom. De econoom helpt de dienaar van het publieke belang om regels, prijzen en belastingen te bepalen zodat de welvaart maximaal is.

Dit boek poogt de nuance tussen deze twee wereldbeelden te zoeken. De keuze tussen markt óf overheid is een valse voorstelling van zaken, omdat in de praktijk een mengvorm optreedt. Als we de wereld beter willen begrijpen kunnen we daarom beter de kracht en zwakte van zowel markt als overheid in beschouwing nemen. De 'feilbare hand'-econoom lijkt meer kans van slagen te hebben om de wereld van economie en politiek te begrijpen en nuttige adviezen te verstrekken dan de 'onzichtbare hand'-econoom of de sociale ingenieur. De taak van de 'feilbare hand'-econoom lijkt nog het meest op de taak die James Buchanan (1987, p. 250) voor economen voorziet: 'to assist individuals, as citizens who ultimately control their own social order, in their continuing search for those rules of the political game that will serve their purposes, whatever these might be.'

De cirkel van goede intenties formuleert de argumenten waarmee overheidsingrijpen gelegitimeerd kan worden en de redenen waarom de overheid soms beter afstand kan houden en publieke belangen beter kan vastleggen in stabiele regelgeving. In een eenvoudige wereld is de keten tussen burger en politiek eenvoudig. De burger kiest zijn vertegenwoordiger en geeft hem of haar het mandaat om de publieke taak uit te voeren. De burger is hier de opdrachtgever en de politiek de opdrachtnemer. De rollen worden omgedraaid zodra de politiek optreedt als wetgever en als de beheerder van het geweldsmonopolie die wetten handhaaft. Belastingen worden geïnd, wetten uitgevoerd. Dan is de politiek de opdrachtgever en de burger opdrachtnemer. Zo eenvoudig is de wereld zelden. Tussen burger en politiek is een lange keten van opdrachtgevers en opdrachtnemers die de goede intenties proberen te verwezenlijken: ambtenaren, politieagenten, toezichthouders en ga zo maar door. Dat de goede intenties ontsporen is bijna onontkoombaar, omdat in het verwezenlijken van publieke taken actoren met meerdere opdrachtgevers en meerdere taken te maken krijgen. Afrekenen op resultaat wordt daardoor praktisch onmogelijk.

Dit boek beoogt het ongeschreven contract tussen burgers en overheid aan te vullen door de 'wet van de rede' bij het loslaten en vasthouden van overheidstaken onder woorden te brengen. Een completer contract versterkt uiteindelijk ook de effectiviteit van de politiek als beheerder van het geweldsmonopolie bij het beschermen van publieke belangen. Voorkomen wordt dat het veelvuldig gebruik van politieke macht uiteindelijk degenereert in onmacht en stuurloosheid.

De Chicago-econoom George Stigler (1982) omschreef economen ooit als predikanten. Wij zijn dit boek begonnen met de intentie om economie en samenleving beter te doorgronden, te begrijpen voor welke fundamentele dilemma's politici en burgers staan. Maar ook wij ontkomen niet aan de typering van Stigler, omdat dit boek een boodschap kent. De centrale boodschap van dit boek komt neer op triviaal ogende gedragsregels voor politiek en samenleving: 'bezint eer ge begint' en 'voltooit wat is ontplooid'. De eerste gedragsregel is de eis dat iedere inmenging van de overheid in het maatschappelijke verkeer legitimatie vereist. Dit is de calculus van het publieke belang waarbij de overheid laat zien dat de baten van het borgen van het publieke belang opwegen tegen de kosten. De burger moet weten wat gemaakte keuzes betekenen en of hij bereid is de prijs van interventie te betalen. Vaak zullen dergelijke rekensommen niet eenvoudig zijn, vooral omdat de overheid zich met complexe externe effecten bemoeit en waar fundamentele waarden in het geding zijn.

De tweede gedragsregel volgt op het initiatief van de overheid die intervenieert of bemoeienis loslaat. Als die actie goed is overwogen, dan moet de belofte ook worden nagekomen totdat nieuwe feiten zich voordoen die een herziening noodzakelijk maken. Te regelmatige herzieningen zaaien twijfel aan het opgestelde plan of de regel en ondergraven de geloofwaardigheid van de overheid. Wie een reputatie bezit om beloftes na te komen zal tegen lagere kosten transacties af kunnen sluiten. In de wereld van centrale bankiers is men zich bewust van de waarde van standvastigheid en het nakomen van beloftes. Het op afstand plaatsen van de centrale bank van de politiek is sinds die tijd een veel gehuldigd beleidsprincipe, hoewel politici het van tijd tot tijd niet kunnen laten om druk uit te oefenen op centrale bankiers. Diezelfde afstand zou een overheid ook moeten innemen wanneer zij staatsondernemingen, zoals de Nederlandse Spoorwegen, privatiseert of verzelfstandigt. Particulier initiatief komt pas tot volle wasdom als de eigenaar ook weet dat hij de vruchten van zijn inspanning kan plukken en er niet achteraf van wordt beroofd door een overheid. Overdadige inmenging bij een privatiseringsbesluit ondergraaft de effectiviteit van toekomstige privatiseringen.

Dit boek kent een lange voorgeschiedenis. Twee van ons (Bovenberg en Teulings) begonnen ooit een zoektocht naar de wortels van het publieke belang in een studie voor de Wetenschappelijke Raad voor het Regeringsbeleid (WRR). Een jaar daarna kwam het verzoek van het ministerie van Financiën en het ministerie van Economische Zaken om een rapport voor beleidsambtenaren te schrijven waarin de stand van wetenschap en praktijk werd weergegeven rond de borging van het publieke belang. In samenwerking met een derde man (Van Dalen) werd deze studie geschreven die uiteindelijk uitmondde in het rapport 'De calculus van het publieke belang' (Teulings et al., 2003). In die zoektocht is er talloze malen met collega's van gedachten gewisseld over de wijze waarop wij de problemen van een publiek belang benaderd hebben. Wij vonden dat er in de bestaande leerboeken een lappendeken aan redenen werd gegeven wanneer de overheid in zou moeten grijpen in particulier economisch handelen en wanneer niet. Er was geen overkoepelend raamwerk om de eenheid in de verscheidene theorieën te brengen. Die krachttoer kostte de meeste tijd en leverde aanvankelijk ook het meeste onbegrip bij collega's en betrokken ambtenaren, die hechtten aan oude 'road-maps' en leermeesters. Wij zijn onze critici en gesprekspartners dankbaar om ons denkraam op de proef te stellen. Op deze plaats willen wij onze critici en gesprekspartners danken in het op de proef stellen van ons denkraam. Tijdens het eerste onderzoek voor de WRR hebben wij geprofiteerd van de gesprekken met Mark Bovens, Wim Derksen en Michiel Scheltema. In het onderzoek voor het ministerie van Financiën en Economische Zaken zijn wij de begeleidingscommissie en referenten dankbaar. Normaal gesproken zijn begeleidingscommissies saai en plichtmatig, doch bij de vele ontmoetingen van deze commissie sprongen de vonken er vanaf. In alfabetische volgorde willen wij Sander Baljé, Paul de Bijl, George Gelauff, Ben Geurts, Arjen Gielen, Bernard ter Haar, André de Jong, Gai Oren, Jan Potters en Charles Wijnker bedanken voor hun inzet. Daarnaast hebben Jules Theeuwes, Ernst ten Heuvelhof, Hans de Bruijn en Mark van Twist als referent ons van waardevol commentaar voorzien. Al deze mensen hebben ons gedwongen om onze inzichten scherper te formuleren. Om de ideeën nog scherper en eenvoudiger over het voetlicht te brengen is daarom het idee geboren om een klein boek uit te brengen waarin de kern van onze ideeën staat. Ziehier het resultaat.

Coen Teulings / Lans Bovenberg / Harry van Dalen
Oktober 2005

HOOFDSTUK 1

Een hardnekkig misverstand

My views have always been driven by factual investigations. I've never started off – this is perhaps why I'm not a libertarian – with the idea that a human being has certain rights. I ask, "What are the rights which produce certain results?"

Ronald Coase (in Hazlett, 1997)

De vuurtoren staat vanouds model voor het bewaken van het publieke belang. Het licht dat de toren verspreidt is een publiek goed, zo luidt de gedachte van de econoom. Geen enkel voorbijvarend schip kan van het profijt van het licht uitgesloten worden en de baat van het ene schip gaat niet ten koste van de baten van andere schepen. Menige denker en doener hebben in het verleden aan deze constatering de conclusie verbonden dat de vuurtoren uit publieke middelen betaald moet worden en dat de regie daarom ook bij de overheid moet liggen. De vuurtoren was hét voorbeeld van een belang waarbij de overheid moest ingrijpen, omdat de 'markt' dit belang zou verwaarlozen. Immers, om van een vuurtoren een winstgevende onderneming te maken moeten van voorbijvarende schepen gelden geïnd worden. Het eigenaardige van de geschiedenis van vuurtorens is dat het publieke belang wel degelijk door private, op winst gerichte ondernemingen gediend kan worden (Coase, 1974). Via de havenmeesters van naburige havens bleken de vuurtorenwachters in staat om de rederijen te laten betalen. De vuurtoren is daarmee niet alleen de verbeelding van het denken over het publieke belang, hij staat tevens model voor een hardnekkig misverstand dat de economische politiek tot op de dag van vandaag beheerst.

De wortels van dit misverstand vallen te herleiden tot de gedachten van de eminente Britse econoom Arthur Pigou. Hij introduceerde in zijn boek *The Economics of Welfare* (1921) het onderscheid tussen private en maatschappelijke kosten. Het was zijn stellige overtuiging dat personen die hun eigenbelang najagen in het economisch verkeer geen rekening houden met grotere, maatschappelijke belangen. De boodschap was voor Pigou en generaties van economen na hem duidelijk: zodra private en sociale kosten uiteenlopen faalt de markt en is er een legitieme reden voor de overheid om te interveniëren in het spel van vraag en aanbod. Er is, met andere woorden, sprake van een *publiek belang*. De vrijemarktprijs weerspiegelt in de ogen van Pigou niet alle relevante informatie die nodig is om tot een maatschappelijk optimale besteding van middelen te komen. En wanneer dat het geval is, is het publieke belang in het geding.

Hoewel het argument op papier waterdicht is, biedt het menige politicus de mogelijkheid om voor ieder denkbaar agendapunt een onderbouwing te verzinnen. Immers, de markt houdt geen rekening met onethisch gedrag, goede smaak of rechtvaardigheid. Kortom, op basis van het gedachtegoed van Pigou en zijn volgelingen kan op eenvoudige wijze een pleidooi voor ieder denkbare vorm van overheidsingrijpen worden onderbouwd. En dat is de afgelopen eeuw dan ook veelvuldig gebeurd. Menige lobbyist of politicus meet zich de status aan van de verdediger van het 'publieke belang' en de lijst van vormen van overheidsinterventie is schier eindeloos: van het subsidiëren van sjoelbakverenigingen en straatfeesten, de gratis verstrekking van schoolmelk, tot het aanbieden van Melkertbanen, innovatiesubsidies en sociale zekerheid. De afpaling van het publieke belang eindigt veelal in cirkelredeneringen: het publieke belang is wat de politiek van belang acht. Deze definitie van het publieke belang doet sterk denken aan de uitleg die topambtenaar sir Humphrey Appleby uit de BBC-televisieserie 'Yes Prime Minister' ooit eens ten beste gaf. Hij vatte de gedachten van de gemiddelde politicus samen in de trits: 'We ought to do something. This is something. Hence, we ought to do this.' Met deze onberispelijke logica zijn er heel wat vermeende 'goede doelen' uitgevonden in de politieke arena, soms geboren uit nobele motieven, maar vaak louter uit een particulier deelbelang.

De kunst in het debat over het publieke belang is om dit soort cirkelredeneringen te voorkomen en op grond van theorie en empirie te bezien wanneer de markt werkelijk faalt én of overheidsingrijpen lonend is. Dat vormt in een notendop de calculus van het publieke belang (Teulings et al., 2003). Die calculus is geen triviale bezigheid. Twee zaken worden daarbij meestal onderschat. Ten eerste de inventiviteit van burgers en ondernemers om zelf collectieve actie te ondernemen; private partijen buiten wederzijds profijtelijke ruilsituaties uit door hun belangen zelf te verdedigen zonder dat de overheid eraan te pas hoeft te komen. Ten tweede wordt de intieme relatie tussen economie en politiek verwaarloosd. De overheid wordt soms als de zichtbare helpende hand ten tonele gevoerd die ten bate van het algemene belang corrigeert waar de markt faalt. De overheid als onpartijdige dienaar van het algemeen belang is een sympathiek uitgangspunt, maar als beschrijving van hoe het spel op het Binnenhof werkelijk gespeeld wordt schiet dit denkraam tekort. Wie het publieke belang vooruit wil helpen kan beter zijn tijd besteden om te begrijpen wat mensen drijft en waarom bepaalde reguleringen bestaan (Shleifer en Vishny, 1998). Kortom, er vindt zowel onderschatting als overschatting plaats in de wijze waarop het publieke belang verdedigd wordt. Enerzijds wordt in de praktijk de kracht van particulier initiatief onderschat om een 'publiek' belang via transacties te internaliseren, anderzijds vindt er overschatting plaats van wat een overheid vermag in het dienen van het publieke belang. Beide stellingen worden in dit boek ruimschoots toegelicht.

1.1 De kracht van transacties

De persoon die de waarde van het particuliere initiatief het krachtigst onder woorden bracht was de Nobelprijswinnaar Ronald Coase. In een klassiek artikel uit 1960 haalde hij de argumentatie van Pigou met stijl en venijn onderuit. Hij liet zien dat het bestaan van 'sociale kosten' niet noodzakelijk de interventie van een overheid rechtvaardigt. Het verhaal van sociale kosten is in feite het verhaal van *externe effecten*, of wat er gebeurt als beslissers niet met alle maatschappelijke kosten of baten van hun handelen worden geconfronteerd. Voordat Coase zijn artikel schreef was het usance om particulier initiatief te verwerpen als een methode om externe effecten op te lossen. Zie Pigou in zijn standaardwerk *The Economics of Welfare* (1921):

> It is plain that divergences between private and social net product [...] cannot be mitigated by a modification of the contractual relation between any two contracting parties, because the divergence arises out of a service or disservice rendered to persons other than the contracting parties.

Om het belang van het inzicht van Coase te kunnen doorgronden is het nuttig om te beginnen bij de stand van wetenschap vóór 1960 om vervolgens te laten zien hoe het theorema van Coase het denken over het publieke belang op zijn kop zette.

De standaardargumentatie begint in een ideale wereld. In zo'n ideale wereld worden goederen geproduceerd die meer waard zijn dan hun productiekosten, terwijl goederen die minder waard zijn dan hun productiekosten niet worden geproduceerd. Zo simpel is het. Economen noemen die toestand *efficiënt*. Onder 'normale' omstandigheden betalen producenten de waarde van de grondstoffen die zij gebruiken in het productieproces en zij ontvangen de waarde van wat zij produceren bij de verkoop ervan. Als een goed meer waard is dan de kosten die nodig zijn om het te produceren, rest er winst. Als het goed minder waard is dan de productiekosten, dan maakt de producent verlies en stopt hij de productie. Ergo, goederen die het waard zijn om te produceren worden ook daadwerkelijk geproduceerd en goederen die dat niet zijn laat de producent links liggen.

Deze logica van de markt werkt alleen als producenten met álle kosten en opbrengsten van de productie worden geconfronteerd. Maar dat is niet altijd zo. Een staalfabriek bijvoorbeeld gebruikt naast ijzererts en mankracht ook schone lucht waarvoor hij niet hoeft te betalen. Het aantasten van die schone lucht leidt tot gezondheidsproblemen of stank voor de mensen die in de directe omgeving van de fabriek wonen en werken. Omdat de staalfabrikant niet voor die kosten betaalt, neemt hij ze ook niet mee in zijn winst-en-verliesrekening. Zolang de overige kosten die op deze rekening terugkomen gedekt worden, blijft de staalfabrikant staal produceren en de lucht vervuilen. Het eindresultaat is vaak inefficiënt: er worden goederen geproduceerd waarvan de productiekosten hoger zijn dan hun marktwaarde. De oplossing van Pigou is een corrigerende belasting op de vervuiling, zodat de vervuiler betaalt. Een stilzwijgende veronderstelling daarbij is dat de overheid weet wat de kosten van vervuiling zijn.

Zolang externe effecten bestaan en niet worden gecorrigeerd door belastingen à la Pigou zal de inefficiëntie blijven voortbestaan, zo dachten de discipelen van Pigou. Ronald Coase ging echter twijfelen aan dit inzicht toen hij de regulering van het Amerikaanse omroepsysteem onder de loep nam (Coase, 1959). In plaats van een systeem van regels waarbij de overheid de etherfrequenties toedeelde, kon die verdeling ook via de markt plaatsvinden, mits bij aanvang duidelijk was wie de eigenaar was van welke frequentie en mits het die eigenaren werd toegestaan die frequenties te verhandelen. Het fundamentele inzicht van Coase was dat externe effecten in feite het gevolg zijn van een *ontbrekende markt*, voor etherfrequenties in dit geval. Daardoor kwamen wederzijds voordelige transacties niet tot stand. Door verhandelbare *eigendomsrechten* van etherfrequenties te definiëren wordt de ontbrekende markt geopend en worden de externe effecten verholpen. Het idee dat externe effecten alleen kunnen worden gecorrigeerd via ingewikkelde subsidies, reguleringen of belastingen was dus onjuist.

Dat was een tamelijk boude bewering die menige econoom in die tijd als krankzinnig betitelde. Een groepje economen van de universiteit van Chicago, onder wie Milton Friedman en George Stigler, begreep maar niet hoe zo'n goede econoom als Ronald Coase zo'n elementaire fout kon maken. Coase antwoordde snedig: 'If it was an error, it was a very interesting error.' Zij waren echter niet overtuigd en nodigden hem uit op een avond bij een van hen thuis. George Stigler beschreef ooit eens hoe die avond verliep:

> At the beginning of the evening we took a vote and there were twenty votes for Pigou and one for Ronald, and if Ronald had not been allowed to vote it would have been even more one-sided. The discussion began. As usual, Milton did much of the talking. I think it is fair to say that, as usual, Milton did much of the correct and deep and analytical thinking. My recollection is that Ronald didn't persuade us. But he refused to yield to all our erroneous arguments. Milton would hit him from one side, then from another, then from another. Then to our horror, Milton missed him and hit us. At the end of the evening the vote had changed. There were twenty-one votes for Ronald and no votes for Pigou. (Stigler in: Kitch, 1983, p. 221)

Stigler (1988) noemde deze avond 'one of the most exciting intellectual events in my life'. Milton Friedman moest toegeven dat hij zijn mening 180 graden had herzien. Zoiets komt zelden voor, maar die avond in Chicago was er zo een. De redacteur van de *Journal of Law and Economics* vroeg aan Coase of hij zijn gedachten op papier wilde stellen en dit resulteerde in zijn artikel 'The Problem of Social Cost' (1960), dat zou uitgroeien tot het meest geciteerde artikel in de economie ooit.

Maar hoe ging dat overtuigen die avond daadwerkelijk in zijn werk? Via een voorbeeld liet Coase zien hoe externe effecten via markttransacties opgelost kunnen worden in een wereld waarin er geen kosten verbonden zijn aan het verhandelen van goed gedefinieerde eigendomsrechten. Om de argumentatie van zijn verhaal te kunnen volgen is een concreet voorbeeld behulpzaam. Neem bijvoorbeeld het geval van een fabriek en een vakantiepark die in elkaars nabijheid opereren, waarbij de fabriek het (eigendoms)recht heeft om te vervuilen. De vervuiling kost € 1 miljoen per jaar en het zou de fabriek € 800.000 kosten om 'schoon' te produceren. Het kost het vakantiepark € 500.000 om het vakantiepark te veranderen in een vergadercentrum. Onder dergelijke omstandigheden zijn er geen aanvullende transacties nodig. Het recht om te vervuilen is in handen van de partij voor wie dat de meeste waarde heeft. De fabriek bespaart met het recht op vervuiling € 800.000 en het vakantiepark 'slechts' € 500.000. Voor de fabriek is dat recht dus € 300.000 meer waard dan voor het vakantiepark. De uitkomst is, hoe vreemd dit ook moge klinken, maatschappelijk optimaal. De vervuiling levert de samenleving als geheel een baat van € 800.000 op, en kost slechts € 500.000.

Maar wat gebeurt er als de wetgever bepaalt dat het vakantiepark het recht op schone lucht heeft? In dat geval zijn aanvullende transacties nodig om het eigendomsrecht op de lucht bij die partij te brengen (de fabriek) die de meeste waarde aan het gebruik van de lucht toekent. De fabriek zal het eigendomsrecht dus kopen van het vakantiepark voor een bedrag dat tussen € 500.000 en € 800.000 zal liggen. Door deze transactie met het vakantiepark aan te gaan heeft de fabriek het externe effect van zijn luchtvervuiling zogezegd *geïnternaliseerd*: de fabriek realiseert dat schone lucht marktwaarde heeft, maar dat die marktwaarde minder is dan de opbrengst van de vervuilende productie. Internalisering van het externe effect doet de fabriek besluiten door te gaan met de vervuilende productie, en dat is ook maatschappelijk efficiënt. Voor beide partijen is het een profijtelijke transactie. Voor het vakantiepark omdat de tegemoetkoming meer bedraagt dan de kosten die nodig zijn om over te schakelen naar een bedrijventerrein. De fabriek is beter af omdat de tegemoetkoming lager is dan de kosten van het stoppen van de milieuvervuiling. Vrijwillige ruil corrigeert zo de inefficiënte initiële verdeling van eigendomsrechten, waarbij het eigendom op de schone lucht werd toegekend aan de partij die er relatief weinig waarde aan hecht. Onafhankelijk van de initiële verdeling van de eigendomsrechten, komt dat recht uiteindelijk toch terecht bij de partij die de meeste waarde met gebruik van de lucht kan creëren. Terwijl het voor de vervuiling niet uitmaakt wie het initiële eigendomsrecht bezit, heeft de initiële verdeling van dat recht wel belangrijke consequenties voor de inkomensverdeling. Dat recht vertegenwoordigt immers economische waarde, zodat degene die het recht bezit beter af is. De waarde van dit recht ligt in dit geval tussen € 500.000 en € 800.000.

Nu kan men natuurlijk zeggen dat dit voorbeeld sterk afhankelijk is van de getallen die wij plakken op de verschillende opties. Stel nu dat het voorkomen van milieuvervuiling de meest efficiënte optie is: het kost de fabriek slechts € 100.000 om schoon te produceren. In dat geval – of de fabriek nu het recht om te vervuilen heeft of niet – is de beste keuze voor de fabrikant 'niet vervuilen'. Als de fabriek in eerste instantie het recht heeft om te vervuilen, zal het vakantiepark tussen de € 100.000 en de € 500.000 willen betalen voor de garantie dat de fabriek geen gebruik van zijn 'vervuilingsrecht' maakt. En als de fabriek het recht níet heeft, dan is het hoogste bod dat de fabriek zal doen aan het vakantiepark om het recht op vervuilen te kopen slechts € 100.000, een bod dat het vakantiepark altijd zal afslaan. Kortom, dit voorbeeld illustreert de kern van het zogenaamde Coase-theorema (Stigler, 1966):

Coase-theorema I: Wanneer eigendomsrechten kosteloos kunnen worden geruild, dan zal onder iedere initiële verdeling van eigendomsrechten een efficiënte allocatie van middelen bereikt worden.

Het is achteraf gezien verbazingwekkend dat Chicago-economen, die zo goed op de hoogte leken te zijn van de kwaliteiten van het marktmechanisme, het werk van Coase als 'fout' bestempelden. Zoals Coase later in een interview hierover opmerkte:

> The law of property determines who owns something, but the market determines how it will be used. It's so obvious to me that I couldn't understand the fuss. All it says it is that people will use resources in the way that produces the most value, that's all. I still think it's an obvious point. You wouldn't think there was a need for a Coase theorem, really. (Hazlett, 1997)

Lange tijd is het gedachtegoed van Coase geïdentificeerd met het Coase-theorema. Voor Coase zelf was dit theorema echter slechts een tussenstap om te komen bij de kern van zijn argument: het belang van de initiële verdeling van eigendomsrechten in de echte wereld waarin ruilen niet kosteloos is (Coase, 1992). Het Coase-theorema bezingt de zegeningen van het transactiemotief. De naam 'theorema' suggereert een stevig wiskundig doortimmerd artikel met stellingen en bewijzen, maar de schoonheid van het artikel van Coase is dat hij slechts met woorden, jurisprudentie en onberispelijke logica tot een van de meest verrassende en verstrekkende inzichten komt die de moderne economie kent. De partij voor wie een bepaald eigendomsrecht het meeste waard is, zal daar ook het meeste voor willen betalen. Uiteindelijk zal die zich dat recht dus weten te verwerven. De ruil van eigendomsrechten is echter niet kosteloos, hij gaat vaak gepaard met *transactiekosten*.

Het probleem van externe effecten draait in feite om transactiekosten. Als er immers géén transactiekosten zijn, dan zullen partijen externe effecten via aanvullende transacties oplossen, zoals in het voorbeeld van de fabriek en het vakantiepark. Zodra er wél transactiekosten zijn, is het bereiken van een efficiënte oplossing sterk afhankelijk van de hoogte van de transactiekosten en de initiële verdeling van eigendomsrechten. En daarmee komen we bij het theorema waar Ronald Coase zelf liever aan herinnerd wordt:

Coase-theorema II: Wanneer er transactiekosten zijn, dan dient het eigendomsrecht te liggen bij de partij voor wie dat recht de meeste waarde vertegenwoor-

digt. Door deze toewijzing worden de transactiekosten van de ruil van eigendomsrechten bespaard.

1.2 Economie en recht

De kracht van de bijdrage van Coase schuilt niet alleen in de revolutionaire blik op externe effecten, maar geeft de lezer tevens grip op hoe recht en economie in elkaar grijpen en hoe eigendomsrechten verdeeld moeten worden. Daarmee zijn economie en politiek onlosmakelijk met elkaar verbonden, omdat de politiek als wetgevende macht deze rechten definieert. Het tweede Coase-theorema stelt dat in een wereld met transactiekosten deze verdeling van eigendomsrechten (wie mag vervuilen en wie niet, waar mag men roken en waar niet) wel degelijk invloed heeft op de totale maatschappelijke waarde die in een economie wordt gecreëerd. Gerechtshoven, die conflicten over eigendomsrechten beslechten, of wetgevers, die wetten ontwerpen hoe gehandeld moet worden in dergelijke conflicten, moeten uiteindelijk bepalen wat privaat eigendom precies inhoudt. Kan een eigenaar van een stuk land vliegtuigmaatschappijen verbieden om op tien kilometer hoogte boven zijn land te vliegen? En wat als dat vliegtuig 500 meter boven zijn huis vliegt? Van wie is een gasbel als deze honderd meter onder het weiland van een boer wordt gevonden? De kunst is om eigendomsrechten zo te definiëren dat zo min mogelijk aanvullende transacties nodig zijn om de rechten in handen te laten komen van degene die de meeste waarde aan die rechten toekent. Het recht om te bepalen wat tien meter boven een stuk land gebeurt is het meest van waarde voor de boer die het land ook bebouwt. Het luchtverkeer zou echter tot stilstand komen als die boer zich ook zou mogen bemoeien met wat er tien kilometer boven zijn land gebeurt.

Indien de wetgever, rechter of centrale planner precies zou weten voor wie bepaalde eigendomsrechten het meeste waard zijn, dan zou er geen behoefte zijn aan markten waar die rechten vrij kunnen worden verhandeld. Maar wetgevers zijn ook maar feilbare mensen met beperkte informatie. Rechten kunnen derhalve worden toegewezen aan de verkeerde partij. Bovendien veranderen de omstandigheden voortdurend. Wat vandaag het beste is, hoeft dat morgen niet meer te zijn. De verhandelbaarheid van de eigendomsrechten biedt dan uitkomst: wanneer het recht in eerste instantie bij de verkeerde persoon terechtkomt, kan degene voor wie het eigendomsrecht de meeste waarde vertegenwoordigt het recht alsnog kopen. Bij een inefficiënte initiële verdeling van eigendomsrechten moeten daarom de transactiekosten zo klein mogelijk gemaakt worden, zodat een inefficiënte verdeling gecorrigeerd kan worden via markttransacties.

1.3 Transactiekosten

Transactiekosten vormen dus een 'deus ex machina' in de economische theorie. Transactiekosten verklaren waarom een goede initiële verdeling van eigendomsrechten van groot belang is, waarom er markten zijn en ook waarom markten af en toe falen. Maar wat houden die transactiekosten dan precies in? Waarom is een simpele ruil niet kosteloos? Uiteindelijk zijn alle transactiekosten terug te voeren op het feit dat bij een ruil het gelijk oversteken problematisch is. Een transactie is een wederzijdse verplichting van twee of meer partijen waarbij rechten en plichten worden geruild. Wat bindt die partijen om hun verplichtingen ook daadwerkelijk na te komen? In het vervolg bespreken wij de drie uitingsvormen van dat probleem.

Transactiekosten 1: kosten om gratis meeliften te voorkomen

Een eerste complicatie die niet of zeer moeizaam via markttransacties opgelost kan worden is *uitvretersgedrag* van betrokkenen: een grote groep partners kan slechts gezamenlijk een waardevol project uitvoeren als iedereen zijn bijdrage levert. Wanneer individuen niet van de baten van het project kunnen worden uitgesloten, komen sommige individuele contribuanten in de verleiding om uitvretersgedrag tentoon te spreiden: 'Ook zonder mijn bijdrage wordt het project wel uitgevoerd', is hun leidende gedachte, 'dus ik kan me de moeite van mijn bijdrage wel besparen.' Hoe groter de groep, des te groter deze verleiding om gratis mee te liften op de bijdragen van anderen. Gelijk oversteken is in dit geval problematisch, omdat individuen niet kunnen worden uitgesloten van het profijt als ze zelf geen bijdrage leveren. Vanwege het grote aantal belanghebbenden spreken we in dit geval van een *complex extern effect.* Niet-uitsluitbaarheid compliceert het transactiemechanisme en resulteert daarom in een publiek belang dat om gecentraliseerde overheidsdwang vraagt. Er zijn dus grenzen aan vrijwillige ruil. Een politieke eenheid besluit – democratisch of op last van de 'vorst' – dat een bepaald project wordt uitgevoerd. Alle leden van de politieke gemeenschap zijn vervolgens verplicht aan de realisatie bij te dragen. Dit vermogen om de leden van *gemeenschap te binden* aan een publiek belang middels publiekrechtelijke aanspraken is de toegevoegde waarde van de politiek. Zonder overheidsdwang komt de ruil tussen de verschillende belanghebbenden niet tot stand. Het gebruik van gecentraliseerde dwang om de potentiële uitvreters binnenboord te houden is een van de belangrijkste functies van de overheid. Met het geweldsmonopolie bindt ze individuen aan de belangen van de gemeenschap als geheel.

Om dit argument in het licht van de praktijk te zien keren we terug naar de casus van de fabriek die het recht heeft om te vervuilen. Deze verdeling van eigendomsrechten is inefficiënt: milieubesparing is goedkoper dan milieuvervuiling. We zagen hierboven dat in dat geval de fabriek het eigendomsrecht zal verkopen aan de landeigenaar van het vakantiepark. Maar laten we nu eens aannemen dat er honderd landeigenaren zijn. Dan ontstaat er een 'collectief goed'-probleem. Als tachtig landeigenaren de middelen opbrengen om het eigendomsrecht van de fabriek te kopen, dan liften de andere twintig eigenaren gratis mee op kosten van de tachtig goedwillende landeigenaren. Iedere landeigenaar komt dan in de verleiding om niet bij te dragen, omdat deze beseft dat zijn bijdrage geen verschil zal uitmaken in het al dan niet profiteren van minder vervuiling. Er is geen sprake van gelijk oversteken waarbij de individuele landeigenaar geld ruilt voor schonere lucht. Het opgeven van geld resulteert slechts in verlies van koopkracht zonder dat daar op individueel niveau schonere lucht tegenover staat. Hij zal dus in onderhandelingen over zijn bijdrage zijn poot stijf houden. Als alle landeigenaren zich zo gedragen, dan zullen de onderhandelingen mislukken en blijft het eigendomsrecht in handen van de fabriek. Alleen als de individuele landeigenaar denkt dat zijn bijdrage een verschil gaat uitmaken, en schonere lucht oplevert, zal hij vrijwillig instemmen om bij te dragen aan het goede doel. Het organiseren van collectieve actie kan bij grote aantallen belanghebbenden hoge transactiekosten met zich meebrengen. Binding aan de gemeenschap is daarom zo problematisch.

Transactiekosten 2: kosten om het breken van beloften te voorkomen

Transacties gaan in veel gevallen niet alleen over zaken die vandaag geruild worden, maar ook over toekomstige zaken. Dat maakt gelijk oversteken een moeizame affaire. Beloftes spelen dan een belangrijke rol. Een typisch voorbeeld is een verzekering waarbij de verzekerde vandaag een premie betaalt op voorwaarde dat de verzekeraar morgen onder bepaalde nader gespecificeerde omstandigheden aan de verzekerde een schade-uitkering betaalt. Of neem een pensioenfonds, dat in ruil voor vandaag betaalde premies belooft morgen een pensioen uit te keren dat gekoppeld is aan het (laatst)verdiende loon. In de economische theorie is in die gevallen sprake van een *contract*, waarin transactiepartners vandaag vastleggen wat zij morgen beloven te zullen doen, al dan niet afhankelijk van de toekomstige omstandigheden. De transactiepartners trachten zich op die manier te binden aan hun toekomstig gedrag zodat hun beloftes geloofwaardig worden.

Die binding aan beloftes is allesbehalve probleemloos. Het spel van het klassieke gevangenendilemma illustreert dit. In dit spel zouden de twee gevangenen zich bij voorbaat graag – in hun gemeenschappelijke belang – willen binden aan de belofte elkaar niet te verraden, maar zij weten beiden dat ze die belofte op het moment suprème niet gestand zullen doen. Soms kan die binding worden geregeld met een rechtens afdwingbaar contract: degene die zijn belofte breekt, kan door de ander voor de rechter worden gedaagd. Beide partijen hebben er belang bij dat ze zich kunnen binden op het moment dat zij het contract sluiten. Zonder de mogelijkheid om zich te binden, blijven beide partijen elkaar wantrouwen, en komt de tot wederzijds voordeel strekkende transactie niet tot stand. De staat zet zijn geweldsmonopolie in om de rechterlijke uitspraken uit te voeren. De theorie spreekt dan van een *expliciet contract*, waarin de contractpartners *privaatrechtelijke* aanspraken jegens elkaar aangaan. In de praktijk kunnen echter lang niet alle denkbare voorwaarden en omstandigheden in expliciete, rechtens afdwingbare, contracten worden geregeld. Veel contracten zijn daarom niet gebaseerd op juridische aanspraken, maar op wederzijds vertrouwen in langdurige relaties of op reputaties. Contractpartners met een langdurige relatie zullen elkaars vertrouwen niet willen beschamen, omdat zij ook morgen met elkaar verder moeten. Men spreekt dan van een *impliciet contract.* Contractpartners met een goede reputatie als betrouwbare partner zetten die niet graag op het spel. Die reputatie is immers hun handelsmerk.

Expliciete contracten zijn in principe superieur aan impliciete contracten, omdat de contractpartners zekerheid hebben dat zij de prestaties van de contractpartner voor de rechter kunnen afdwingen. Maar expliciete contracten zijn kostbaar. Ze vereisen dat alle informatie voor de rechter *verifieerbaar* is. Verificatie kost tijd en moeite: accountants die de boeken nalopen of inspecteurs die zich van de kwaliteit vergewissen. Bovendien zijn ook rechters niet gratis. Impliciete contracten gaan echter ook gepaard met kosten, hoewel die voor menigeen minder zichtbaar zijn. De onzekerheid over de betrouwbaarheid van de contractpartner dwingt partijen tot kostbare voorzichtigheid. Het opbouwen van relaties en vertrouwen kost tijd en zolang er nog geen volledig vertrouwen is zullen contractpartners dat merken aan de prijs.

Transactiekosten 3: kosten om machtsmisbruik van politici te voorkomen

Op het kruispunt van binding in de tijd en binding aan de gemeenschap staat binding van de gemeenschap aan haar toekomstige beleid. Naarmate de overheid meer macht heeft om mensen te binden aan de gemeenschap, wordt het moeilijker voor de overheid om zich geloofwaardig te binden aan haar beloften. Net zoals individuele contractpartners vandaag afspraken willen kunnen maken over hun gedrag van morgen, zo wil de gemeenschap dat ook. Contractpartners willen graag vandaag afspreken dat ze allebei investeren in een gemeenschappelijk project waar zij beiden morgen van kunnen profiteren. Daarbij moeten ze er wel van op aan kunnen dat ook de ander die investeringen daadwerkelijk doet. Als de transactiekosten dat toelaten, sluiten zij daarvoor een expliciet, rechtens afdwingbaar contract af. En wie dwingt die contracten af? Dat is nu net de rol van de overheid. Stel dat de politieke gemeenschap een contract wil sluiten met haar leden, bijvoorbeeld, het betalen van belasting in ruil voor de aanleg van een brug. De politiek zou daarvoor graag een rechtens afdwingbaar contract sluiten met haar achterban. Maar wie zou dat contract af moeten dwingen? De enige partij die dat zou kunnen doen, de overheid, is in dit geval zelf contractpartner, en daarom niet geloofwaardig. Dit is in feite de klassieke vraag: wie bewaakt de bewaker? De overheid kan regels immers altijd eenzijdig veranderen. De populistische zegswijze: 'Politici zijn niet te vertrouwen' is dus niet zonder reden ontstaan. Binding in de tijd is een kernprobleem voor publieke instituties. Net zoals de wederzijdse binding twee private partijen tot voordeel strekt, omdat zonder die binding de transactie niet tot stand kan komen, zo geldt ook dat de politiek er belang bij heeft dat zij zich kan binden. Zonder het vermogen zich te binden aan beloftes is de overheid immers geen geloofwaardige contractpartner. In het voorbeeld van de aanleg van de brug: de leden van de gemeenschap zullen zonder geloofwaardige binding van de politiek simpelweg weigeren belasting te betalen, omdat zij vrezen dat de politiek het geld toch in eigen zak steekt.

Dit verklaart waarom in verschillende landen zo verschillend met publieke belangen wordt omgesprongen. Veel hangt af van hoeveel bevoegdheden de centrale overheid heeft en wie de spelregels bepaalt. Naarmate de overheid meer onvoorwaardelijke macht heeft om publieke belangen te behartigen, wordt het voor diezelfde overheid moeilijker zich geloofwaardig te binden in de tijd. In dit spanningsveld opereren landen verschillend en is men voortdurend op zoek naar institutionele innovaties waarmee de politiek zich aan haar beloftes kan binden.

1.4 Transactiekosten en instituties

De analyse van transactiekosten leidt ons naar een eerste ruwe schets van een theorie van de ontwikkeling van instituties. Instituties zijn pogingen om de transactiekosten te verlagen zodat ontbrekende transacties totstandkomen. In de loop der tijd hebben samenlevingen allerlei instituties ontwikkeld om de transactiekosten te minimaliseren. Een typisch voorbeeld is de rol van de notaris en het kadaster bij transacties van onroerend goed. In het kadaster wordt het eigendom van onroerend goed eenduidig vastgelegd. De notaris ziet erop toe dat de koper eerst de koopsom overmaakt en de verkoper eerst het onroerend goed oplevert, en pas dan vindt de transactie plaats. Daardoor is gelijk oversteken van koopsom en onroerend goed gegarandeerd. De toepassing van publiekrechtelijke dwang is een ander voorbeeld van een institutie die transactiekosten vermindert. Complexe externe effecten met vele belanghebbenden kunnen alleen worden geïnternaliseerd onder dwang van de overheid. Zonder dwang zal niemand de noodzakelijke contributies voor die publieke voorzieningen willen opbrengen. Vrijwillige ruil volstaat niet.

De maatschappelijke druk van met elkaar concurrerende groepen en individuen leidt ertoe dat geleidelijk bepaalde instituties zich ontwikkelen die lagere transactiekosten met zich meebrengen. Niemand heeft immers belang bij een inefficiënte uitkomst: als wij een persoon gelukkiger kunnen maken zonder iemand anders te benadelen, waarom zouden wij dat dan nalaten? De instituties die wij feitelijk waarnemen zijn dus het resultaat van een langdurig selectieproces, waarbij instituties met hoge transactiekosten geleidelijk aan zijn uitgezuiverd. Omdat de omstandigheden zich echter voortdurend wijzigen, zijn specifieke instituties niet voor eens en voor altijd het beste antwoord, en begint het aftasten en experimenteren met nieuwe instituties steeds weer opnieuw. Daarmee kent de economie van het publieke belang een tamelijk pragmatische en genuanceerde benadering. Er bestaat geen eenduidige keuze voor een institutie of een regel die overal en altijd een optimaal resultaat levert. Soms zijn private oplossingen beter, soms is de helpende hand van de overheid nodig en soms is het maar beter om helemaal niets te doen, ook al gaat het om een zogenaamd publiek belang. Kwesties als milieuvervuiling, criminaliteitsbestrijding, slachtoffervergoedingen enzovoort, zijn niet langer kwesties van goed of kwaad, of van zwart of wit. Het zijn vooral kwesties van kosten en baten.

1.5 Economie en andere sociale wetenschappen

Claiming that different values are incommensurable, simply hinders clear thinking about difficult trade-offs.

Robert Frank (2000)

We hebben gezien hoe Ronald Coase de economische en de juridische wetenschap aan elkaar verknoopt heeft. Belangrijke onderwerpen uit de juridische wetenschap, zoals eigendomsrechten en het onderscheid tussen publiek- en privaatrecht, zijn zaken die regelrecht voortvloeien uit noties uit de economische theorie. Maar hoe zit dat met andere sociale wetenschappen? Nemen wij in onze analyse louter economische en juridische aspecten in beschouwing of spelen sociologische, bestuurskundige of politicologische aspecten ook een rol? Al deze disciplines lijken immers hun eigen soort rationaliteit te kennen. Moeten die rationaliteiten niet in afzonderlijke studies worden belicht?

Ons antwoord op deze vraag is simpel: neen. Wij hanteren een sociaal-wetenschappelijk standpunt dat praktisch alle disciplinaire gezichtspunten raakt. De instituties van een moderne samenleving vormen een rommelige kakofonie met uiteenlopende verschijningsvormen: regels, normen, marktplaatsen, bevelsstructuren, contractvormen, verwachtingen, beroepsverenigingen, discussiefora, internetsites, etc. Wie om zich heen kijkt ziet dat al die instituties in de praktijk bestaan. Het zou dus dwaas zijn om de relevantie van bijvoorbeeld waarden en normen te ontkennen, zoals in het verleden door economen nog wel eens werd gedaan, louter omdat het theoretische raamwerk de relevantie van die instituties niet kan verklaren. De veelkleurigheid aan instituties is echter geen reden tot vergelijkbare diversiteit aan wetenschappelijke uitgangspunten. De bioloog Edward Wilson betoogt in zijn boek *Consilience* (1998) dat er een trend is in de richting van de eenheid van wetenschappen. Het traditionele onderscheid tussen natuurwetenschap en sociale wetenschap is door de ontwikkelingen in de moleculaire biologie, het erfelijkheidsonderzoek, en de grote vooruitgang in ons begrip van de evolutie steeds meer onder druk komen te staan. De wetenschap heeft steeds meer inzicht gekregen in de fysische achtergronden van ons eigen bestaan en dus van ons eigen denken. Net zoals het gat tussen natuurwetenschappen en sociale wetenschappen kleiner wordt, zo groeien ook de sociale wetenschappen naar elkaar toe.

Een convergentie in denken vraagt om een overkoepelende theorie die afzonderlijke theorieën op een vanzelfsprekende wijze combineert. Een dergelijke wetenschappelijke theorie kan met een simpele veronderstelling een veelheid aan verschijnselen verklaren. En daarmee nemen wij een les van Alfred Marshall ter harte die het als de essentiële taak van een econoom zag om te laten zien 'the many in the one, the one in the many'. Ons uitgangspunt is dat het brede palet van instituties in essentie is ontstaan in een poging transactiekosten te verminderen. Die transactiekosten vinden hun oorsprong in het onvermogen van contractpartners zich te binden aan hun beloften, zowel in de tijd als jegens de gemeenschap. Deze twee problemen van binding in de tijd en binding aan de gemeenschap geven, in steeds wisselende combinaties, aanleiding tot het rijke patroon aan instituties dat wij in een moderne samenleving waarnemen. In dit uitgangspunt vinden sociologische, politicologische, bestuurskundige en economische overwegingen een plaats. De sociale wetenschappen hebben, niet in de laatste plaats door de opkomst van de speltheorie, meer gemeen gekregen. Binnen de economische wetenschap wordt door de ontwikkeling van de institutionele economie daarbij ook steeds meer het belang van normen en waarden, de politiek en het recht erkend als instituties die transactiekosten verlagen en markten beter laten functioneren.

Twee voorbeelden helpen om onze positie te verhelderen. Het prachtige boek *Zorg en de staat* van Abraham de Swaan (1988) hanteert in essentie dezelfde methode als wij hier toepassen. In De Swaans analyse spelen het welbegrepen eigenbelang en externe effecten een centrale rol bij het verklaren van het ontstaan van zeer uiteenlopende collectieve instituties, zoals armenzorg, onderwijs en de aanleg van riolering. Bij de gratie van deze overeenkomst zijn er tal van verschillen die hier vermeld zouden kunnen worden. Het volstaat op te merken dat wij een rijker patroon van sociale interacties toelaten. Zo is de werkelijkheid niet een eenmalig spel. Na vandaag volgt de dag van morgen. In herhaalde spellen kunnen spelers reputaties opbouwen die kunnen dienen als substituut voor collectieve instituties. Het vertrekpunt van De Swaan en dat van ons is echter gelijk.

Het tweede voorbeeld is het boek *De virtuele staat* (1996) van de bestuurskundige Paul Frissen. Dit boek is een requiem voor de idee van centrale planning. Er is geen centraal punt meer in het overheidsapparaat vanwaaruit alle beleidslijnen kunnen worden uitgezet. Bij deze diagnose past slechts hartgrondige instemming. Waar het gaat om de analyse lopen onze wegen echter diametraal uiteen. Frissen zoekt de oorzaak in de opkomst van het postmodernisme. Het ene 'grote verhaal' heeft afgedaan. Daarvoor in de plaats zijn deelverhalen gekomen, niet enkele maar vele, onderling tegenstrijdig en onvergelijkbaar, als een Babylonische spraakverwarring.

Wij zien een samenleving met een nog steeds verder toenemende arbeidsdeling. Arbeidsdeling in een moderne economie leidt tot kennismonopolies en daarmee onvermijdelijk tot de decentralisatie van beslissingsmacht. Dat vraagt om andere vormen van coördinatie dan de klassieke goedwillende dictator. De uitdaging is om de producten van die kennismonopolies zo goed mogelijk verhandelbaar te maken, zodat zij kunnen strekken tot maatschappelijk voordeel.

1.6 Hoe nu verder?

Wij hebben de hoofdlijn geschetst die in het boek wordt getrokken. Marktfalen is het gevolg van externe effecten. Door ontbrekende markten blijven kansen op transacties die tot wederzijds voordeel strekken onbenut. Maar waarom ontbreken markten? Omdat die transacties gepaard gaan met transactiekosten. In heden en verleden hebben burgers en overheid ontbrekende markten opgevuld door het ontwerp van instituties, instituties die transactiekosten trachten te verminderen. Soms is het voldoende als de overheid eigendomsrechten eenduidig definieert. Private partijen kunnen met dat eigendomsrecht op zak dan zelf de ontbrekende markt invullen door eigendomsrechten onderling te ruilen. Soms is ook dat nog onvoldoende, als er te veel partijen bij een transactie betrokken zijn en gelijk oversteken van rechten tussen al die partijen problematisch wordt. Wij spreken dan van een complex extern effect, waarbij uitvretersgedrag dreigt. Dan is er sprake van een publiek belang dat slechts kan worden behartigd door de overheid die burgers dwingt zich te binden aan de gemeenschap.

Dit boek laat zich dan ook lezen als de gedachtewereld van een beleidsmaker, adviseur of politicus die worstelt met de vragen die publieke belangen oproepen en die in die worsteling al deze redeneringen in zijn hoofd langsloopt. Hoofdstuk 2 begint met de denkbeeldige wereld waar volledige keuzevrijheid heerst. In welke mate verwaarloost een maatschappij publieke belangen wanneer er ongebreidelde marktwerking heerst? Er zijn drie typen van externe effecten die collectieve actie noodzakelijk maken, te weten: roof en diefstal, schaalvoordelen en averechtse selectie. De neiging is om die externe effecten door de overheid te laten corrigeren. Maar niet alleen de decentralisatie van besluitvorming brengt kosten met zich mee, centralisatie evenzeer. Louter de aanwezigheid van complexe externe effecten is daarom onvoldoende legitimatie voor de toepassing van publiekrechtelijke dwang. De kosten van de decentralisatie van besluitvorming moeten die van centrale besluitvorming overtreffen. Men zou denken dat de economische wetenschap, met zijn traditionele voorkeur voor marktgerichte oplossingen, de kosten van centralisatie goed in kaart zou moeten hebben gebracht. Wie zo redeneert komt echter bedrogen uit. Over de kosten van decentralisatie is meer bekend dan over die van centralisatie. De voornaamste kosten van centralisatie worden in hoofdstuk 3 in kaart gebracht: het centrum van de macht ontbeert juist door de toepassing van die macht waardevolle informatie en de politiek is slecht in staat zich te binden aan toekomstige besluitvorming. In hoofdstuk 4 eindigen we ten slotte met de confrontatie van de kosten van centralisatie en decentralisatie, ofwel management van het publieke belang en de dilemma's die daaraan verbonden zijn. Door marktfalen en overheidsfalen te combineren kan de hamvraag beantwoord worden: is het betreffende publieke belang waardevol genoeg om de transactiekosten van politieke interventie te rechtvaardigen? En hoe dient dit dan te geschieden? Binnen de veilige muren van het publieke domein, met directe zeggenschap van de politiek over ieder detail? Of is een meer liberale strategie mogelijk, waarbij zowel private partijen als de overheid via wetten en regels worden gebonden aan het publieke belang?

HOOFDSTUK 2

Uittocht uit het paradijs van de keuzevrijheid

The point is, ladies and gentleman, is that greed – for lack of a better word – is good. Greed is right. Greed works. Greed clarifies, cuts through, and captures the essence of the evolutionary spirit. Greed, in all of its forms – greed for life, for money, for love, knowledge – has marked the upward surge of mankind. And greed – you mark my words – will not only save Teldar Paper, but that other malfunctioning corporation called the USA.

Speech van Gordon Gekko (gespeeld door Michael Douglas) in een aandeelhoudersvergadering van het bedrijf Teldar Paper in de film *Wall Street* (1987)

Hoe zou het zijn te leven in een wereld met louter Gordon Gekko's? Een wereld waar geen overheid bestaat die wetten en regels stelt waar we ons aan hebben te houden, maar een wereld die louter wordt geregeerd door één wet, namelijk die van de hebzucht. Zou het leven daar zo aangenaam zijn als Gordon Gekko ons voorspiegelt? Wie woont en werkt in een hoogontwikkelde economie, kent een dergelijke wereld niet. Niet uit de eerste hand, zelfs niet uit de overlevering van zijn of haar betovergrootvaders. Overheden vaardigen hier te lande al sinds jaar en dag wetten en geboden uit en, zo lijkt het, zo zal het nog wel even blijven.

Op het eerste gezicht lijkt de wereld van Gordon Gekko op het Utopia van een klassiek geschoolde econoom: geen overheid met verstorende interventies, geen hinderlijke instituties die het functioneren van de wetten van vraag en aanbod frustreren, maar louter onbelemmerde marktwerking. Die eerste indruk is echter bedrog. Op markten ruilen wij eigendommen: de auto van de een voor het geld van de ander. Zoiets heeft alleen zin als wij weten wat eigendom is, wat van wie is. En als wij weten hoe wij die eigendomsrechten kunnen overdragen, zodat beide partijen het erover eens zijn dat de auto na de ruil van de kopende partij is en dat verkopende partij daar niets meer over te zeggen heeft. Wij hebben dus wetten en regels nodig die het mogelijk maken om bij ruil gelijk over te steken en een macht die de naleving van die regels af kan dwingen. De denkbeeldige wereld van louter Gordon Gekko's is nog minder gestructureerd dan het ideaalbeeld van een neoklassieke econoom. Het is een wereld zonder wetten, een wereld van complete anarchie. Een dergelijke wereld lijkt misschien nog het meest op het Polynesië waar Margaret Mead zo euforisch over schreef. Achteraf bezien bleek het Utopia van Mead helemaal niet zo ideaal. Daar gaat dit hoofdstuk over: het gedwongen vertrek uit het ongerepte paradijs van individuele keuzevrijheid. In zijn boek *Guns, Germs and Steel* (1997) laat Jared Diamond zien dat de ontwikkelingsgang van samenlevingen een veel grotere regelmatigheid laat zien dan de brij van anekdotes, veldslagen en jaartallen uit de geschiedenisles doet vermoeden. Zo wordt steeds opnieuw macht gecentraliseerd in de handen van een kleine politieke klasse zodra een samenleving meer dan een paar honderd leden telt. Waarom is dat? De logica van het voorgaande hoofdstuk biedt een aanknopingspunt. Er ontstaat behoefte aan collectieve actie wanneer sprake is van complexe externe effecten, waarbij veel partijen betrokken zijn. Om die reden kunnen de bewuste externe effecten niet met aanvullende transacties en overleg worden geïnternaliseerd.

Dit hoofdstuk brengt die externe effecten in beeld. Deze effecten zijn te onderscheiden in drie hoofdvormen. De eerste vorm waarin complexe externe effecten zich voordoen is die van *roof en diefstal*. Zelfs voor de meest liberale economen heeft de overheid een essentiële rol te vervullen in de definitie en de bescherming van eigendomsrechten. De tweede hoofdvorm betreft de internalisering van *schaalvoordelen*. Schaalvoordelen vereisen coördinatie of collectieve actie en daarmee centralisatie van de beslissingsmacht, ofwel in handen van een private monopolist ofwel in handen van de overheid. We zullen zien dat beide veel gemeen hebben. De derde hoofdvorm is *averechtse selectie*: de selectie van aangeboden producten in een markt is tegengesteld aan het belang van de kopers. Het probleem doet zich voor in tal van transacties: in de relatie tussen koper en verkoper van een tweedehands auto, maar ook tussen een werkgever en zijn werknemers alsmede tussen verzekerde en verzekeraar.

2.1 De economie van roof en diefstal

Michael: My father's no different than any other powerful man. Any man who's responsible for other people, like a Senator, or a President.

Kay: Do you know how naive you sound?

Michael: Why?

Kay: Senators and Presidents don't have men killed.

Michael: Oh. Who's being naive, Kay?

Gesprek tussen Michael (zoon van maffialeider Don Corleone) en zijn vrouw Kay in *The Godfather II* (1972)

Een veehouder – een vaccaro – in Palermo wordt in het begin van het boek *The Sicilian Mafia* (Gambetta, 1993) aangehaald met een tekst die de kern aangeeft van een situatie waarin eigendomsrechten weinig waarde bezitten: 'Wanneer de slager naar mij toe komt om een stuk vee te kopen, dan weet hij dat ik hem wil belazeren. Maar ik weet ook dat hij mij wil belazeren. Dus hebben wij, zeg maar een Peppe [een derde partij] nodig om tot overeenstemming te komen. En we betalen Peppe allebei een percentage van de overeenkomst.'

De Siciliaanse maffia baseert haar bestaansrecht op de handel in bescherming, een 'goed' waar veel vraag naar is wanneer vertrouwen schaars is en fragiel. De Peppe in het verhaal van de veehouder staat model voor de *maffiosi* die het monopolie op geweld profijtelijk uitoefenen. Maffiosi begeven zich op markten die illegaal zijn. Dit zijn bij uitstek markten die wij geneigd zijn om als anarchistisch te betitelen. Het voorbeeld van de Siciliaanse maffia geeft aan dat in een ogenschijnlijk anarchistische samenleving zonder effectief overheidsgezag de sterkste private partij de orde bepaalt. Wat zijn daarvan de economische achtergronden?

Niets heeft duidelijkere externe effecten dan roof en diefstal. De dief maakt een afweging tussen de kosten van zijn inbraak en de verwachte buit. Het negatieve externe effect van zijn activiteiten voor zijn slachtoffer komt in zijn kostencalculatie niet voor. Omdat roof en diefstal negatieve externe effecten genereren, zal er in een volledig gedecentraliseerde samenleving – waarin niemand rekening houdt met wat zijn acties betekenen voor derden – meer roof en diefstal plaatsvinden dan efficiënt is. De verrassing is hier niet de conclusie maar de weg waarlangs deze bereikt wordt. We moeten ons de vraag stellen of deze negatieve externe effecten met aanvullende transacties of door 'overleg' kunnen worden geïnternaliseerd. Het klinkt erg cynisch, maar dergelijke transacties zijn niet ondenkbaar. Sterker nog, in de praktijk vinden zulke transacties veelvuldig plaats. Zo biedt de maffia plaatselijke winkeliers 'bescherming' tegen vandalisme en beroving van straatbendes die zij zelf controleert. Met deze transactie internaliseert de maffia het negatieve externe effect van haar roof. De winkelier koopt de roof af.

De relatie tussen de maffia en de winkelier is analoog aan het voorbeeld van de milieuvervuilende fabriek en het vakantiepark dat is gebruikt bij de bespreking van het Coase-theorema in het voorgaande hoofdstuk. Net zoals de maffia het ondernemingsklimaat voor de winkelier vervuilt, zo vervuilt de fabriek de lucht voor het vakantiepark. Bij die bespreking hebben we gezien dat in een wereld zonder transactiekosten het eigendomsrecht van de schone lucht niet zo veel uitmaakt voor de omvang van de vervuiling. De toedeling van de eigendomsrechten maakt echter wel uit voor de verdeling van de maatschappelijke welvaart. Als de fabriek het eigendomsrecht van de lucht heeft, kan de eigenaar van het vakantiepark de fabriek 'omkopen' om schoon te produceren, precies zoals de winkelier de maffia omkoopt om hem niet te beroven. Deze analogie biedt een hulpmiddel om na te denken over het belang van een adequate toedeling van eigendomsrechten. Als de fabriekseigenaar het eigendomsrecht van de lucht bezit, dan zou hij de vakantieparkeigenaren kunnen dreigen met luchtvervuiling, zelfs indien de fabriek daar zelf voor haar productie geen enkel belang bij heeft. Immers, met die dreiging van vervuiling kan zij het vakantiepark geld aftroggelen. Deze vermaledijde fabriek doet precies hetzelfde als de maffia: met zinloze dreigingen het surplus van anderen inpikken. En als het tegenzit, dan gaat dat om zo'n groot deel van het surplus dat het vakantiepark überhaupt niet totstandkomt. De dreiging van een toekomstige beroving door de fabriek schrikt de parkbaas af om zijn investeringen te doen en maakt het vakantiepark aldus tot een luchtkasteel.

We noemen dit een *berovingsprobleem.* Net zoals de parkbaas worden ook winkeliers terughoudend met investeringen in hun winkel: de maffia roomt de winst immers toch af. Of zij gaan allerlei investeringen doen om hun winst aan het zicht van de maffia te onttrekken. Omgekeerd zal de maffia allerlei investeringen doen om haar dreigingen kracht bij te zetten, zoals de aanschaf van vuurwapens en goede contacten met de plaatselijk sportschool. Een goede toedeling van eigendomsrechten doet hier dus wel degelijk ter zake. Door het eigendomsrecht van de uitgestalde waar toe te kennen aan de winkel of door het eigendomsrecht van de schone lucht toe te kennen aan het vakantiepark, worden berovingsproblemen voorkomen. Een goede toedeling van eigendomsrechten is echter pas het halve werk. Die toedeling moet ook effectief zijn. Het juridische eigendom over zijn bezittingen heeft voor de winkelier weinig waarde zolang de maffia de feitelijke beschikkingsmacht heeft. Eigendomsrechten moeten niet alleen worden vastgesteld, maar ook worden beschermd.

Berovingsproblemen leiden dus tot inefficiëntie. Maar in een wereld waarin medemensen elkaar weinig vertrouwen is er nog een ander extern effect. Het gaat om een extern effect dat nauw gerelateerd is aan dat van roof en diefstal, namelijk *wapen- en beveiligingswedlopen*. Als de maffia een vuurwapen aanschaft, dan heeft dat een negatief extern effect op de winkelier, want hij moet nu kogelvrij glas laten aanbrengen. Als de winkelier kogelvrij glas neemt, is dat een negatief extern effect op de maffia, want die moet nu een zwaarder geweer kopen. Enzovoort, enzovoort.

Het geweldsmonopolie en het gezag van de wet

Zoals gezegd, het ligt niet in de rede dat alle externe effecten van roof, diefstal en wapenwedlopen via aanvullende markttransacties kunnen worden ondervangen. Misschien lukt dat nog wel met de directe gevolgen van roof via omkoping van de maffia, maar de meer indirecte berovingsproblemen zijn op die manier nauwelijks aan te pakken. Veiligheid is dus een publiek belang. Die conclusie ligt voor de hand; veel lastiger is de vraag welke instrumenten de overheid ter beschikking heeft om deze externe effecten te internaliseren en vooral hoe ver ze daarin kan gaan.

Een voor de hand liggende oplossing voor wapenwedlopen is het verbod op particulier wapenbezit. De overheid bezit dan het *geweldsmonopolie*. Zij alleen is gerechtigd geweld tegen burgers te gebruiken, burgers onderling zijn dat niet. Op die manier kunnen de noodzakelijke uitgaven aan wapens worden beperkt. Immers, de tegenstander van de overheid mag geen wapens hebben en dus heeft de overheid ook minder wapens nodig. Bovendien, omdat niemand bij wet een wapen mag hebben, voelen velen ook minder de behoefte om er een aan te schaffen.

Een tweede voordeel van het geweldsmonopolie van de overheid is dat de toepassing van geweld wordt gecoördineerd. Als één burger de eigendomsrechten met de voeten treedt, dan zal de overheid namens de gemeenschap haar geweldsmonopolie inzetten om die burger te straffen. De coördinatie van de geweldsuitoefening verhoogt de geloofwaardigheid van vergelding en daarmee de geloofwaardigheid van eigendomsrechten.

Maar wat is nu het fundamentele verschil tussen die overheid, met haar geweldsmonopolie, en de maffia? Ook de maffia heeft in haar 'belastinggebied' vaak het geweldsmonopolie in handen. De winkelier laat geen kogelvrij glas installeren. Hij legt zich neer bij de macht van de maffia en betaalt daarvoor zijn prijs. Maffiabendes kijken wel uit zich in de wijk van een andere bende te vertonen, tenzij zij denken dat zij kunnen winnen. Ook in die zin zijn zij dus lokaal monopolist. Daarmee verschaft de maffia een alternatieve vorm van bescherming van eigendomsrechten. Zij die zich beschermd weten door de maffia, wanen zich veilig, en niet zonder reden. Op tal van plaatsen in de wereld is de veiligheidsgarantie van de lokale maffia van meer praktisch gewicht dan die van de overheid. Hoe cynisch het ook mag klinken, maar de oorsprong van de overheid ligt in sociale structuren zoals de maffia. Paul Bairoch heeft in zijn standaardwerk *Cities and Economic Development* (1988) beschreven hoe sinds de opkomst van de landbouw ongeveer dertienduizend jaar geleden de bevolkingsdichtheid sterk is toegenomen en hoe dat heeft geleid tot het ontstaan van steden. Mensen gingen daarmee veel dichter op elkaar gepakt leven. Jared Diamond laat in zijn *Guns, Germs and Steel* zien dat veiligheid daarmee een probleem werd. Dit probleem kon slechts worden opgelost door de anarchie en klasseloosheid van de jager-verzamelaarssamenleving te vervangen door een vorm van coördinatie en centralisatie van geweld: het *geweldsmonopolie* van het politiek gezag. Er ontstaat als vanzelf een situatie waarin mensen zich onder de bescherming en het gezag moesten stellen van de lokale roverhoofdman, landvoogd, hertog, kalief, mogol, koning, farao, keizer of de vele andere eretitels waarmee de beheerder van het geweldsmonopolie zich in de historie heeft getooid. De keizer gaf de ene onderdaan een 'veiligheidsgarantie' tegen geweld van zijn andere onderdanen, coördineerde het geweld tegen eigen onderdanen die uit de pas liepen én coördineerde het geweld tegen de onderdanen van andere 'keizers'. De keizer gebruikte zijn macht echter ook voor de afroming van het surplus via belastingen, ten bate van piramides en paleizen. Deze analyse biedt een nieuw gezichtspunt op de uitspraak van de filosoof Robert Nozick (1974): 'Taxation is theft.' De afpersing van de maffia in ruil voor een veiligheidsgarantie is een voorloper van het moderne belastingformulier.

De historicus S.E. Finer beschrijft in *The History of Government* (1997) de grote sociale innovaties van de afgelopen 2500 jaar die de beheerder van het geweldsmonopolie geleidelijk aan rechtstatelijke beperkingen heeft opgelegd. Pas veel recenter, en dan gaan we ongeveer tweehonderd jaar terug in de tijd, werden democratische beperkingen algemeen: het gezag van de keizer werd vervangen door dat van de kiezer. Waar burgers voorheen vooral onderdanen waren, die de grillen van de beheerder van het geweldsmonopolie min of meer lijdzaam moesten ondergaan, daar kunnen zij zich nu meer opdrachtgever wanen, met de democratisch gekozen politicus als opdrachtnemer. De politicus behartigt de belangen van de kiezer, althans in theorie. Zoals iedere relatie tussen opdrachtgever en opdrachtnemer, is ook die tussen kiezer en gekozenen echter niet zonder problemen. Finers evaluatie van de democratische bestuursvorm is een nuttig referentiekader:

> Most of them [de democratisch georganiseerde staten] for most of the time exhibited the worst pathological features of this kind of polity. For rhetoric read demagogy, for persuasion read corruption, pressure, intimidation, and falsification of the vote. For meetings and assemblies, read tumult and riot. For mature deliberation through a set of revising institutions, read instead self-division, inconstancy, slowness, and legislative and administrative stultification. And for elections read factional plots and intrigues.

Dit neemt echter niet weg dat met deze democratische legitimatie het berovingsprobleem beter beheersbaar is geworden. In een democratie wordt een politicus alleen herkozen als de belastingheffing ten dienste staat van het gezamenlijke belang van burgers. Die randvoorwaarde leidt tot lagere belastingen en dus tot een geringer berovingsprobleem. Wij komen op deze problemen uitgebreid terug in het hiernavolgende hoofdstuk.

Het grote succes van Europa is waarschijnlijk te danken aan het feit dat deze instituties zich hier eerder hebben ontwikkeld dan elders in de wereld. Europa kende geen centralistische imperia. Onafhankelijke steden waren een effectieve tegenmacht voor de oude feodale hiërarchie. John Bradford de Long en Andrei Shleifer hebben in hun artikel 'Princes and Merchants' (1993) geprobeerd te verklaren waarom en wanneer regio's binnen Europa konden floreren. Regio's met een sterk centralistische, ondemocratische structuur kennen een lage groei, terwijl de stadstaten in Noord-Italië en in onze eigen Lage Landen de motor waren van de modernisering. De 'Glorious Revolution' in Engeland in 1688, waarbij de macht van het vorstenhuis aan banden werd gelegd was het startpunt van de Engelse opmars. Omgekeerd luidde de komst van de absolute monarchie in Spanje rond 1492 het einde in van een langdurige periode van grote welvaart op het Iberisch schiereiland.

Bossen of staten?

Het is aardig om het vermogen van mensen om wapenwedlopen te beheersen te vergelijken met dat van andere soorten. Het marktmechanisme is in tal van opzichten nauw gerelateerd aan Darwins evolutietheorie. In de evolutietheorie is overleven vooral een kwestie van voortplanten: individuen die relatief veel energie kwijt zijn met overleven, hebben weinig energie over voor de voortplanting. Die concurrentie is geen strijd tussen soorten, maar tussen individuele leden van een soort. Dit lijkt sterk op de werking van het concurrentiemechanisme op de markt. Alleen die bedrijven en individuen die hun hulpbronnen zo efficiënt mogelijk aanwenden, zullen in die concurrentieslag overleven. Die analogie gaat nog een stap verder. Net zoals het marktmechanisme niet alle externe effecten van bijvoorbeeld wapenwedlopen internaliseert, zo doet de evolutie dat ook niet. Een voorbeeld is een bos met eikenbomen. Die eiken concurreren met elkaar om het beschikbare licht. Zij investeren dus in lange stammen om in concurrentie met hun naburige soortgenoten beter het zonlicht te kunnen opvangen. En omdat de ene eik zulke lange stammen maakt, moeten alle andere eiken ook mee in deze wapenwedloop. Voor ieder individu is deze strategie de enige manier om te overleven. Zonder lange stam verkommeren ze immers in de schaduw van buren. Maar voor de soort als geheel is deze wapenwedloop niet efficiënt. Stel dat alle eiken gezamenlijk zouden kunnen afspreken om de lengte van hun stam te beperken, dan zouden ze meer energie overhouden voor hun voortplanting en daarmee andere soorten kunnen wegconcurreren.

Anders dan eikenbomen hebben mensen een onvoorstelbaar coördinatievermogen ontwikkeld. Waar eikenbomen elkaar beconcurreren en daarmee de kansen van de soort als geheel verminderen, daar heeft de mensheid instituties ontwikkeld om de externe effecten van wapenwedlopen te internaliseren. Door het geweldsmonopolie in handen van de overheid te leggen, blijven de kosten binnen de jurisdictie van die overheid beperkt. Die coördinatie van geweld binnen een jurisdictie heeft echter één nadeel. Wanneer twee jurisdicties onderling in conflict komen, dan zijn de kosten daarvan gigantisch. De coördinatie van het geweld binnen beide jurisdicties maakt dergelijke conflicten extreem gewelddadig.

Wapenwedloop als excessieve concurrentie

De onderliggende mechanismen van bewapenings- en beveiligingswedlopen blijven niet beperkt tot de wereld van criminele of onwettige activiteiten. Dezelfde mechanismen zijn op velerlei terreinen terug te vinden. Het dragen van merkkleding door schoolkinderen is een typisch voorbeeld van een wapenwedloop. Kinderen willen graag de aandacht opeisen van de populairste kinderen in hun klas. Om dat te bewerkstelligen moeten zij de rest overtreffen in de aankoop van dure merkkleding, hetgeen weer reacties bij anderen oproept. Ook advertentieoorlogen die in sommige bedrijfstakken woeden zijn een bewapeningswedlopen. Een octrooirace, waar twee concurrenten met investeringen in onderzoek en ontwikkeling elkaar de loef proberen af te steken, heeft soortgelijke kenmerken. Illegaliteit is dus een kwestie van definitie: sommige bewapeningswedlopen hebben wij met het geweldsmonopolie van de staat aan banden gelegd, andere niet. Blijkbaar is publieke dwang in die laatste gevallen niet lonend. De samenleving definieert als illegaal al die gevallen van roof en diefstal die met het geweldsmonopolie van de overheid kunnen worden ondervangen. In andere gevallen knijpen wij vaak liever een oogje toe, zoals wij verderop in dit hoofdstuk nog zullen zien.

2.2 Markt, macht en mededinging

There is unfortunately no good solution for technical monopoly. There is only a choice among three evils: private unregulated monopoly, private monopoly regulated by the state, and government operation.

Milton Friedman (1962, p. 28)

Milton Friedman geeft niet snel op als het erom gaat de kwaliteiten van de markt voor het voetlicht te brengen. Maar bij een technisch of *natuurlijk monopolie* ziet hij een onoverkomelijk probleem. Een natuurlijk monopolie is het gevolg van *schaalvoordelen*. Het simpelste voorbeeld van een productieproces met schaalvoordelen is het geval waarin er sprake is van vaste kosten, die betaald moeten worden onafhankelijk van de productieomvang. Twee kleine producenten zijn daarom minder efficiënt dan één grote. Immers als er twee producenten zijn, moet tweemaal de vaste kosten worden betaald, terwijl met één grote producent dat maar eenmaal hoeft. Met dat laatste bespaart de samenleving zich dus eenmaal de vaste kosten. Maar die uitkomst is in een volledig anarchistische samenleving, waarin de beslissingsbevoegdheid volledig gedecentraliseerd is, moeilijk te realiseren: iedereen zou in dat geval zijn auto bij dezelfde fabriek moeten kopen. In sommige gevallen komt die coördinatie via het gedecentraliseerde besluitvormingsproces op de markt geheel niet tot stand, zodat het goed niet eens wordt geproduceerd. Soms komt die coördinatie slechts gedeeltelijk tot stand, zodat er meerdere producenten zijn en de productie niet volledig efficiënt is. Maar zelfs in het geval van volledige coördinatie, waarbij iedereen zijn auto bij dezelfde producent koopt, is er nog steeds een probleem. Die producent is dan immers monopolist, en monopoliemacht gaat onvermijdelijk gepaard met de nadelen van machtsmisbruik.

Dit machtsmisbruik van de monopolist is het startpunt van onze analyse. Eerst bespreken we de droomwereld van een markt met volledige concurrentie. Vervolgens laten wij zien hoe die droom wordt verstoord door gecentraliseerde macht van een monopolist. Ten slotte bespreken wij de relatie tussen monopoliemacht en schaalvoordelen. Is er in de markt maar één producent die zijn vaste kosten kan terugverdienen, zijn dat er meerdere of vindt er in het geheel geen productie plaats omdat niemand voldoende winst kan maken om de vaste kosten te kunnen dekken?

2.2.1 Markt

Every individual [...] generally, indeed, neither intends to promote the public interest, nor knows how much he is promoting it. By preferring the support of domestic to that of foreign industry he intends only his own security; and directing that industry in such a manner as its produce may be of greatest value, he intends only his own gain, and he is in this, as in many other cases, led by an invisible hand to promote an end which was no part of his intention.

Adam Smith, *The Wealth of Nations*, Book IV, ch. II, 1776

Niets drukt de kracht van het marktmechanisme zo mooi uit Adam Smiths beroemde metafoor van de 'invisible hand'. Als door een onzichtbare hand bewogen, brengt de markt vragers en aanbieders naar een evenwicht dat zelfs door de zichtbare hand van een alwetende en goedwillende overheid niet verbeterd kan worden. Economen noemen zo'n evenwicht efficiënt. Dat betekent niets anders dan dat alle zogenaamde win-winsituaties zijn uitgebuit. Ieder denkbare beleidsmaatregel die een wijziging aanbrengt in zo'n efficiënte situatie impliceert dat het beleid te maken krijgt met minimaal één verliezer. De gedachten van Adam Smith zijn in de loop der tijd aanzienlijk verwaterd en menige ondernemer heeft de boodschap omgekeerd door te stellen dat het streven naar eigenbelang het enige doel in het leven behoort te zijn. 'Greed is good' is dan ook de boodschap die in de film *Wall Street* wordt uitgedragen door de 'investment banker' Gordon Gekko. Wat menigeen vaak vergeet is dat Adam Smith in zijn boek *The Wealth of Nations* geen enkele positieve zin weet te formuleren over het gedrag van ondernemers. Smith had een genuanceerde visie op de samenleving van zijn tijd en voorafgaand aan het schrijven van *The Wealth of Nations* (1776) had hij al uitvoerig in *The Theory of Moral Sentiments* (1759) stilgestaan bij andere motieven en sentimenten die een samenleving tot bloei brengen. Het behartigen van het eigenbelang – prudentie – is een deugd zolang het niet ten koste van anderen gaat, zo luidt zijn boodschap.

De markt is een institutie die generaties van economen blijft verwonderen.

Friedrich Hayek zag als eerste de centrale rol van markten in het voortbrengen van *informatie*. Hij stelde de vraag: hoe kan een samenleving informatie efficiënt gebruiken, informatie die nergens in de maatschappij bij iemand of een centrale autoriteit in zijn geheel bekend is? Het antwoord is simpel: via de markt. Het mechanisme dat tot die veelgeprezen efficiëntie van markten leidt is verbazingwekkend simpel. Zoals we ook al in het voorgaande hoofdstuk bespraken, is de transactie tussen twee of meer contractpartners de hoeksteen van het marktmechanisme. Als u een auto, zeg een Suzuki, bezit, maar liever een oude Mercedes wilt, terwijl uw buurvrouw een oude Mercedes heeft, terwijl ze liever in een Suzuki rijdt, dan hebben u en uw buurvrouw een transactiemotief: de ruil van de Suzuki tegen de Mercedes maakt beide contractpartijen beter af. Zolang dergelijke transacties tot wederzijds voordeel mogelijk zijn, is er nog sprake van inefficiëntie. Immers, je kunt één of meer partijen meer tevreden maken zonder dat iemand anders daar last van heeft. Aan het eind van de handelsdag, als alle mogelijke transacties zijn afgehandeld en er geen enkele tot wederzijds voordeel strekkende ruil meer mogelijk is, dan is de toestand per definitie efficiënt. Immers, niemand wil meer ruilen, dus is het blijkbaar niet meer mogelijk één persoon gelukkiger maken zonder dat iemand anders daar slechter van wordt, want dan had die ruil wel plaatsgevonden. Eigendomsrechten zijn efficiënt verdeeld als niemand meer wil ruilen.

Tot nog toe spraken we steeds over één afzonderlijke transactie tussen twee partijen die ofwel de Mercedes prefereerde boven de Suzuki of andersom. Wat nu als er meer partijen zijn? Of als u naast uw eerste auto misschien nog wel een tweede auto wilt? Of als er niet alleen auto's zijn, maar ook nog tal van andere begerenswaardige bezittingen? Om met dat laatste te beginnen: omdat er zoveel verschillende goederen zijn, is geld een handige uitvinding. Wat u kwijt wilt, verkoopt u voor geld en met dat geld kunt u kopen wat uw hart begeert. Ruilen wordt dus voortaan kopen en verkopen. Het onderliggende mechanisme van vrijwillige transacties dat leidt tot een efficiënt evenwicht blijft echter hetzelfde.

We kunnen alle mensen die een bepaalde auto, zeg een Mercedes, willen kopen, ordenen naar de maximale prijs die ze bereid zijn voor die auto te betalen. Helemaal links staat degene voor wie de Mercedes het meeste waard is en die dus het meest voor een auto overheeft. Hoe verder naar rechts, hoe lager de bereidheid om te betalen. Dat leidt tot de bekende dalende *vraagcurve*, die de *betalingsbereidheid* van de koper weergeeft. Deze curve is weergegeven in figuur 2.1.

Op dezelfde manier kunnen we ook alle mensen die een Mercedes willen verkopen rangschikken. Helemaal links staat nu degene die de minste waarde aan de

Figuur 2.1 Vraag, aanbod en maatschappelijke welvaart

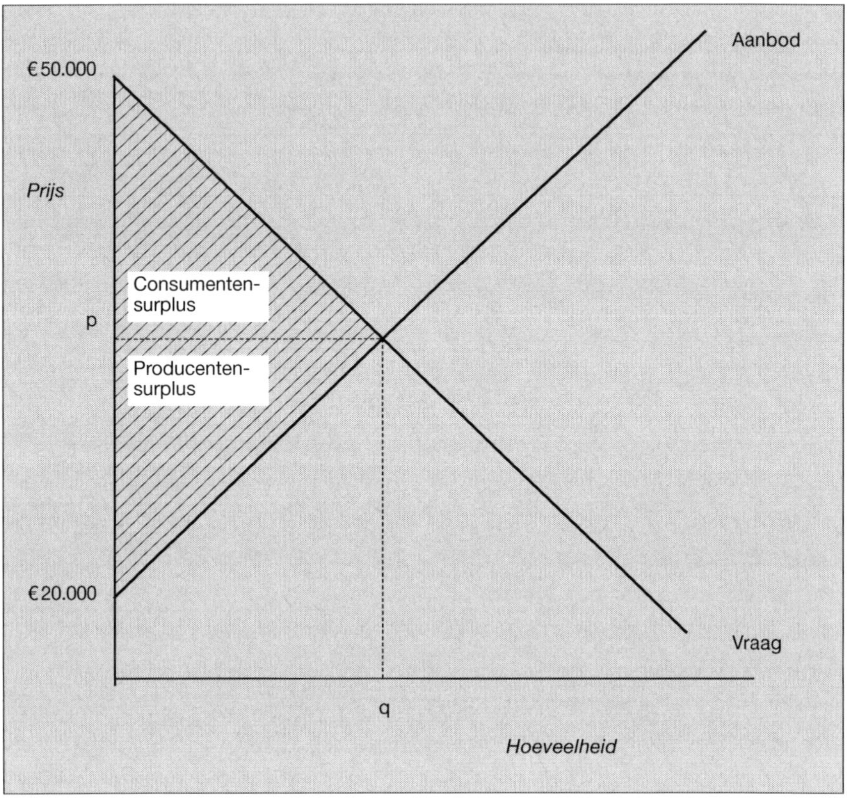

Mercedes toekent. Hoe verder naar rechts, des te meer moeite heeft de betrokkene om afstand te doen van zijn auto. Dit resulteert in de even bekende stijgende *aanbodcurve.* Het snijpunt tussen beide curven geeft het marktevenwicht, met een evenwichtsprijs (p) waarvoor vraag en aanbod aan elkaar gelijk zijn: iedereen die zijn Mercedes voor dat bedrag of minder kwijt wil, kan hem ook daadwerkelijk verkopen, iedereen die minstens die prijs voor een Mercedes wil betalen, kan er ook daadwerkelijk een kopen.

De gearceerde driehoek die wordt omsloten door vraag- en aanbodcurven is het maatschappelijke *surplus* van de markt voor Mercedes-auto's, uitgedrukt in euro's. Zou deze markt niet bestaan, dan zou dit surplus niet worden gegenereerd. Hoe zit dat? Neem de verkoper helemaal links: deze biedt zijn auto aan en wil deze zelfs voor € 20.000 al kwijt. De meest linkse koper wil er maar liefst € 50.000 voor betalen. In de handen van de koper is de auto dus € 30.000 meer waard dan in de handen van de verkoper. Hun ruil levert daarmee een surplus van €30.000 op. Hoe verder naar rechts, hoe kleiner het surplus, tot aan het evenwichtspunt, waar de waardering van koper en verkoper gelijk zijn en waar ruil dus geen waarde meer creëert. Het totale surplus dat door alle vrijwillige transacties wordt gegenereerd is precies gelijk aan de oppervlakte van de gearceerde driehoek. Rechts van het evenwichtspunt zou het surplus van een transactie negatief zijn, maar die ruilen vinden dan ook niet plaats. De gearceerde driehoek is het maximale surplus dat haalbaar is. Precies daarom wordt het marktmechanisme als efficiënt betiteld.

De markt bepaalt niet alleen welke transacties plaatsvinden, maar ook hoe het surplus van die transactie wordt verdeeld over kopers en verkopers. In de praktijk zijn verkopers vaak *producenten* en zijn kopers vaak *consumenten*, en zo zullen wij ze in het vervolg ook aanduiden. Daarom spreken wij niet van het surplus van kopers en verkopers, maar van het *consumenten-* en *producentensurplus*. De horizontale lijn ter hoogte van de evenwichtsprijs p geeft de verdeling aan van het totale surplus over consumenten en producenten: de driehoek boven de streep is het consumentensurplus, die onder de streep is het producentensurplus. Efficiëntie en de verdeling van het surplus zijn bij het marktmechanisme dus onlosmakelijk aan elkaar verbonden. Hoewel het streven naar efficiëntie vaak met argwaan wordt beschouwd, zou het feitelijk onomstreden moeten zijn. Stel dat één partij zijn positie kan verbeteren zonder iemand anders te benadelen. Het is heel moeilijk om een argument te vinden om daartegen te zijn. Een situatie waarin niemand zijn positie kan verbeteren, zonder iemand anders te benadelen, dat is precies de definitie van efficiëntie. In die zin is de markt dus ideaal. Maar of de verdeling van het surplus die de markt oplegt, spoort met maatschappelijke voorkeuren, dat staat te bezien. Politici zullen daar, afhankelijk van hun politieke kleur, graag aan willen sleutelen.

Wij gaan terug naar figuur 2.1. In beschrijving die wij hiervoor gaven suggereerden wij dat de meest linkse producent een transactie aanging met de meest linkse consument. Dat hoeft echter helemaal niet. De markt is *anoniem*. Het maakt voor de producent niet uit met welke consument hij zaken doet. In alle gevallen krijgt hij de evenwichtsprijs voor zijn product, onafhankelijk van de feitelijke waardering van de consument waarmee hij ruilt. Waarom is dat? Hier vindt een eenvoudig evenwichtsproces plaats: als de ene koper probeert af te dingen, dan kan de producent zijn waar met succes aan een andere koper aanbieden. En als de verkoper meer voor zijn auto probeert te krijgen, dan kan de koper zijn auto bij een concurrent betrekken. Omdat individuele kopers en verkopers slechts een verwaarloosbare invloed op de totale vraag en aanbod hebben, kan niemand onder (of boven) de marktprijs uit. Dat is wat we bedoelen met *volledi-*

ge concurrentie: geen enkele individuele vrager of aanbieder kan die prijs beïnvloeden. De macht van elke marktpartij is dus zeer beperkt.

Deze anonimiteit van de markt brengt ons bij Friedrich Hayek: een individuele koper of verkoper hoeft alleen de marktprijs en zijn eigen waardering voor een auto te kennen. Informatie omtrent de waardering van de tegenpartij is voor hem irrelevant, die hoeft hij immers niet te betalen.

> The most significant fact about this [price] system is the economy of knowledge with which it operates, or how little the individual participants need to know in order to be able to take the right action.

De markt is dus niet alleen efficiënt in de zin dat de juiste hoeveelheid auto's wordt geproduceerd en op de markt wordt aangeboden, maar ook in de zin dat geen enkele consument informatie hoeft te verzamelen over de productiekosten van een auto of de waardering van auto's door andere consumenten. De marktprijs aggregeert als het ware alle informatie die de maatschappelijke waarde van een goed beïnvloedt in één kengetal: de marktprijs. Die prijs reflecteert daarom de maatschappelijke kosten en baten van een auto: de maatschappelijke opbrengst van een extra auto is precies gelijk aan die marktprijs. Immers, dat is wat de consument aan de marge voor die auto overheeft en wat de productie van een extra auto kost.

Waar de centrale planner in het duister tast over de maatschappelijke kosten en opbrengsten, daar genereert het marktmechanisme die informatie nagenoeg kosteloos. Het marktmechanisme prikkelt individuele producenten en consumenten niet alleen om maatschappelijk optimale beslissingen te nemen, maar genereert bovendien de daarvoor benodigde minimale informatie. Het wonderlijke is dat hier geen centrale planner aan te pas komt die de maatschappelijke welvaart stuurt. En hiermee zijn we bij de kern van het denken van Schotse filosofen als Adam Smith and David Hume: om anderen te helpen is het níet noodzakelijk dat men directe actie moet ondernemen die het vermeende belang van anderen dient en vergroot.

2.2.2 Macht

Burn, baby, burn. That's a beautiful thing.

Deze tekst zong een werknemer van het energiebedrijf Enron toen hij de grote bosbranden in Californië op tv zag. De bosbranden zorgden er namelijk voor dat een grote energiecentrale in Californië moest sluiten, waardoor het elektriciteitsaanbod daalde en vervolgens de energieprijzen sterk stegen. De handelaren in dienst van Enron konden hun vreugde nauwelijks verbergen. Maar ook zonder bosbranden kon Enron de prijzen opdrijven. In het geheim werden deals gesloten tussen leveranciers en handelaren en werden centrales gesloten om zo de prijs van elektriciteit op te drijven. In een intern memorandum van Enron – door toezichthouders als de 'smoking gun memo' betiteld – werden de gedragsregels uitvoerig beschreven. Regels die het mogelijk maakten om woekerwinsten te boeken. Op tapes werden gesprekken van werknemers opgenomen die het met zoveel woorden ook bevestigden. 'He just fucks California. He steals money from California to the tune of about a million bucks or two a day,' was de openhartige boodschap van een Enron-werknemer in een afgeluisterd gesprek.

Het Enron-voorbeeld is de nachtmerrie van menige burger en politicus. De macht van een dominante marktpartij, zoals Enron, kan ontaarden in allerlei oneigenlijke praktijken die alleen met een zwaar opsporingsapparaat traceerbaar zijn. Maar waar komt die marktmacht vandaan? Wat kan de overheid daaraan doen? En moet de overheid daar wel wat aan willen doen? Of moet zij de marktmacht van monopolisten juist willen versterken? Het is de spanning van macht geven en macht ontnemen. Voordat we aan dat soort vragen toekomen moeten we echter eerst meer inzicht hebben in de factoren die beslissend zijn voor de omvang van de monopoliemacht.

Een simpel monopolie

In de praktijk heeft het ideaaltype van volledig vrije concurrentie dat wij in de vorige paragraaf bespraken slechts beperkte waarde. Sterker nog, het model van volledige concurrentie is een fabeltje. Iedere ondernemer heeft, hoe beperkt ook, altijd wel invloed op het stellen van zijn of haar prijs. Vooral aan de aanbodzijde is het aantal producenten bijna altijd beperkt. Het eenvoudigste geval om dit uit te beelden is dat van één enkele aanbieder, een *monopolist*. In tegenstelling tot het geval van vrije mededinging is er niet langer sprake van een aanbodcurve. Een aanbodcurve veronderstelt immers het bestaan van marktprijzen, waarna vervolgens aanbieders bepalen hoeveel zij kunnen en willen aanbieden. Bij de monopolist worden de zaken omgedraaid. De prijs is het gevolg van acties van de monopolist en niet zozeer een gegeven waarop hij moet reageren. De markt – althans één zijde van de markt, te weten de monopolist – kan zelf het productieniveau kiezen.

Het verhaal van de monopolist draait om de winst die hij kan behalen. Voor het gemak concentreren wij ons op het geval dat de productiekosten van een extra auto constant zijn. De aanbodcurve loopt dan dus horizontaal. Een blik op de voorgaande figuur 2.1 leert dat met een horizontale aanbodcurve bij volledige concurrentie het volledige surplus aan consumenten toevalt. Als de monopolist zich aan die uitkomst zou conformeren, zou hij dus geen enkele winst maken en de prikkel om auto's aan te bieden zou eveneens nihil zijn. Figuur 2.2 laat zien wat de monopolist daaraan kan doen. Door zijn prijs te verhogen tot boven de evenwichtsprijs weet hij een deel van het consumentensurplus af te romen en in zijn eigen zak te steken. Dat kan hij echter alleen doen als hij voor lief neemt dat een deel van de consumenten als koper afhaakt. Het gaat om die consumenten bij wie de waardering voor zijn product hoger is dan de maatschappelijke kosten, maar lager dan de prijs die de monopolist vraagt. Zij zijn wel bereid de maatschappelijke kosten voor het product te betalen, maar als de monopolist daar ook nog zijn monopoliewinst bij optelt, dan haken zij af.

Figuur 2.2 Winst en welvaartsverlies van een monopolie

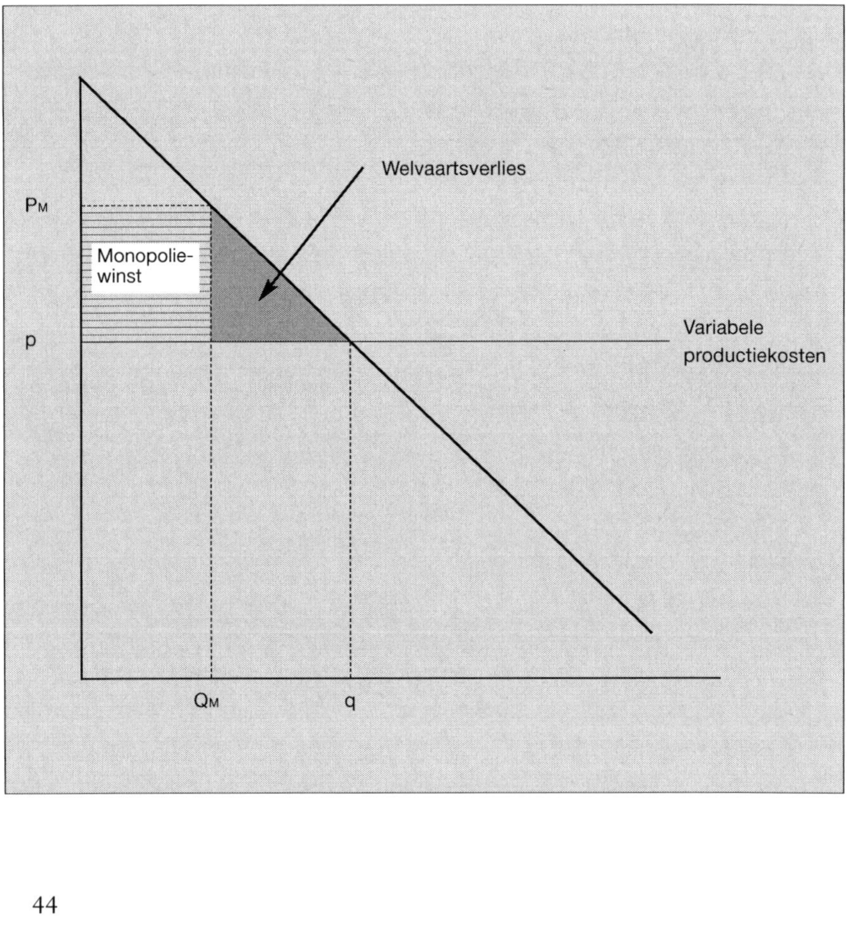

Een monopolist zal zijn prijs (P_M) zo kiezen dat zijn monopoliewinst maximaal is. Dat betekent dat de extra winst van een iets hogere prijs – voor de consumenten die het product ondanks de hogere prijs blijven afnemen – precies opweegt tegen het verlies aan winst op de afhakende consumenten. Hoe hoger de monopolieopslag, des te meer zal een monopolist ervoor terugschrikken zijn prijs nog verder te verhogen, omdat iedere extra klant die hij dan verliest ook het verlies van een aanzienlijke monopolieopslag betekent. Hoe steiler de vraagcurve loopt, des te groter de *marktmacht* van de monopolist. Immers, hij kan zijn prijs nagenoeg straffeloos verhogen, de klanten lopen toch niet weg.

Vergeleken met de ideaalsituatie van volledige concurrentie zijn er nu dus twee dingen gebeurd. Ten eerste is een deel van het totale maatschappelijke surplus, de (gearceerde) rechthoek in figuur 2.2, overgeheveld van consumenten naar de producent; dit is de monopoliewinst. Ten tweede gaat een deel van de maatschappelijke welvaart, het (grijze) driehoekje in figuur 2.2, verloren. De uitkomst is dus niet langer efficiënt: een deel van de potentiële welvaart gaat verloren. De monopolist heeft meer informatie nodig om zijn optimale prijs te bepalen dan de producent in een markt met volledige concurrentie. De laatstgenoemde hoeft alleen de marktprijs te kennen, de monopolist moet de volledige vraagcurve kennen om zijn prijs te kunnen bepalen.

Waar inefficiënties zijn, daar ontbreekt een markt voor transacties die wederzijds voordeel kan bieden. Of weer anders gezegd, ergens worden door één of meer partijen externe effecten niet goed in de transactie betrokken. Maar waar dan? Laten we de zaak bekijken vanuit de monopolist die zijn prijs bepaalt. Bij een eventuele prijsverhoging weegt de monopolist twee zaken tegen elkaar af. Enerzijds verhoogt hij de winstmarge op zijn verkochte productie. Anderzijds verlaagt hij zijn afzet, omdat sommige consumenten het product bij die hogere prijs niet meer kopen. De kosten van een prijsverhoging voor de monopolist sporen met de maatschappelijke kosten daarvan. De baten van de prijsverhoging voor de monopolist, daarentegen, zijn geen maatschappelijke baten. Het gaat daarbij immers slechts om het herverdelen van surplus van consumenten naar producenten. Tegenover de particuliere baten van een hogere prijs voor de producent staat een even groot negatief extern effect voor de consument. De producent houdt geen rekening met deze negatieve externe effecten en rekent daarom een te hoge prijs.

We kunnen de zaak ook bekijken vanuit het gezichtspunt van de consument, die de verkoopprijs als een gegeven beschouwt. Neem consumenten wier waardering voor auto's ligt tussen de maatschappelijke kosten van een auto en de monopolieprijs die ervoor gevraagd wordt. Zij besluiten daarom geen auto te kopen omdat die auto hun meer kost dan die voor hen waard is. Zij houden er geen rekening mee dat de prijs die zij betalen niet volledig uit echte productiekosten bestaat. Een deel van de prijs is immers de winstopslag voor de monopolistische autoproducent. Deze consumenten houden dus geen rekening met het positieve externe effect van hun koopbeslissing op de winst van de monopolist.

Publieke interventie?

Er zijn dus inefficiënties en externe effecten verbonden aan monopoliemacht. Maar zijn die externe effecten ook gecompliceerd? Of kunnen ze, indachtig het Coase-theorema, via simpele aanvullende transacties worden geïnternaliseerd? Een manier waarop dat hier zou kunnen worden uitgevoerd is als consumenten een tegenmacht vormen door ook hun acties te coördineren. In de praktijk van alledag gebeurt dat soms, bijvoorbeeld op de arbeidsmarkt, via een vakbond of op de markt voor consumptieproducten via de Consumentenbond. Het organiseren van de vraag eist echter veel van de coördinatiekracht van consumenten, in de praktijk waarschijnlijk te veel, te meer daar belangen van consumenten met een hoge en een lage betalingsbereidheid niet parallel lopen. De eerste groep zal het eerder op een akkoordje met de monopolist willen gooien dan de tweede groep. De tweede groep heeft immers weinig te verliezen. Als de prijs te hoog wordt vastgesteld haken zij simpelweg af. Deze groep zal dus bij de onderhandelingen tot het uiterste willen gaan. Bovendien dreigt uitvretersgedrag: iedere consument zal proberen te profiteren van de inspanningen van andere consumenten om de prijs laag te houden.

Een interventie van de overheid met als belangrijk middel 'dwang' kan dus zin hebben. Maar hoe moet die dwang er dan uitzien? Wij hebben gezien dat er bij een monopolist sprake is van een negatief extern effect: hij neemt het negatieve effect van een prijsverhoging op het consumentensurplus ten onrechte niet in beschouwing. Bijgevolg zou een interventie in het geval van een monopolistische autofabrikant neerkomen op een subsidie per verkochte auto! Bij de bepaling van zijn prijs houdt hij er rekening mee dat voor iedere verloren klant hij niet alleen de winstmarge op de verkoopprijs misloopt, maar ook de subsidie van de overheid. Hij zal zijn consumentenprijs dus lager vaststellen dan zonder subsidie, om zo minder klanten en dus subsidie te verliezen. Als de subsidie op het juiste niveau wordt vastgesteld, dan is dit neerwaartse effect op de prijs precies gelijk aan het opwaartse effect van monopoliemacht. In feite wordt de inefficiëntie opgelost door de monopolist meer macht te geven.

Dit klinkt contra-intuïtief: instinctief zou men de monopolist juist extra willen belasten, om aldus zijn monopoliewinst af te romen ten bate van andere nuttige bestedingen. En in plaats daarvan zou de monopolist juist gesubsidieerd moeten worden? Deze paradox volgt uit het verschil tussen *efficiëntie-* en *verdelingsmotieven* om in te grijpen. Velen huldigen de politiek correcte opvatting dat monopoliewinsten onrechtvaardig en dus ongepast zijn. En dus willen zij de overwinst van de monopolist graag weg belasten. Dat heeft echter niets met efficiëntie te maken, louter met het verdelingsmotief. Vanuit het oogpunt van doelmatigheid moet de overheid de monopolist juist subsidiëren om hem te verleiden meer te produceren dan hij anders zou doen. Prijsregulering is een alternatief instrument om de inefficiëntie op te lossen. Waar een subsidie de monopolist macht geeft, daar lost prijsregulering de inefficiëntie op door de monopolist macht te ontnemen. Vanuit verdelingsoogpunt ligt dat meer voor de hand. Efficiëntie- en verdelingsmotieven lopen dan immers juist parallel. Door de prijzen door regulering aan een maximum te binden wordt én de monopoliewinst aangepakt én de efficiëntie bevorderd. Immers, de monopolist gaat zich gedragen als producent onder volledige concurrentie, voor wie de prijzen gegeven zijn, althans in theorie. Hij heeft er dus geen belang meer bij zijn productie wat terug te schroeven om de prijzen hoog te houden. De prijs ligt immers bij wet vast. Dus zal hij produceren totdat hij voor die prijs geen auto's meer kan afzetten, precies zoals in figuur 2.1, in het geval van volledige mededinging. Prijsregulering kent echter ook bezwaren, zoals wij later zullen zien.

De determinanten van monopoliemacht

In de praktijk van alledag probeert de monopolist een nog groter deel van het surplus naar zich toe trekken. Zijn vermogen om dat doel te bereiken is afhankelijk van een aantal factoren die wij in het vervolg zullen bespreken. Om te beginnen bekijken wij het geval dat de monopolistische autoproducent al zijn klanten bij naam kent en weet hoeveel ieder van hen voor zijn auto wil betalen. Veronderstel nu ook eens dat hij kan voorkomen dat zijn klanten die auto's ondershands aan elkaar doorverkopen. Hij kan dan bij de vaststelling van zijn verkoopprijs discrimineren tussen klanten met een hoge en een lage betalingsbereidheid. De consument met de hoogste betalingsbereidheid, die dus het meest links in de vraagcurve staat, moet € 50.000 betalen, de tweede minder, enzovoort tot de marginale consument, die precies de productiekosten betaalt. De prijscurve van de monopolist valt dus precies samen met de vraagcurve. We spreken daarom van *perfecte prijsdiscriminatie*. In tegenstelling tot het simpele geval, is de uitkomst nu efficiënt: het volledige maatschappelijke surplus wordt gerealiseerd, omdat de extra consumenten een lagere prijs in rekening wordt gebracht. Het consumentensurplus valt echter wel volledig als monopoliewinst toe aan de monopolist.

Dit is een typisch voorbeeld van het adagium 'kennis is macht'. Zolang individuele klanten hun betalingsbereidheid kennen en weten af te schermen, zijn zij nog enigszins beschermd tegen de monopoliemacht van de producent. Consumenten krijgen weliswaar minder dan onder volledige concurrentie, maar ze houden in ieder geval nog iets over. Zodra de monopolist echter volledig over de individuele betalingsbereidheid van consumenten geïnformeerd is, worden zij helemaal uitgekleed. Het hiervoor besproken simpele monopolie is daarom eigenlijk het geval van *asymmetrische informatie*: de consument kent zijn betalingsbereidheid, de monopolist niet.

Prijsdiscriminatie kan alleen worden toegepast als er *geen onderhandse markt* voor bijvoorbeeld auto's bestaat. Waarom is dat? Stel nu eens dat die markt er wel was. Dan zou de monopolist iedere consument een prijs in rekening proberen te brengen die precies gelijk is aan zijn betalingsbereidheid. Neem nu de 'marginale' consument van wie de betalingsbereidheid net boven de productiekosten ligt. Hij kan die auto ondershands doorverkopen aan de meest linkse consument, die de hoogste betalingsbereidheid heeft. Iedere prijs tussen de productiekosten en de hoogste betalingsbereidheid strekt beiden tot voordeel. De meest linkse consument betrekt zijn auto dus niet langer bij de monopolist, maar koopt die ondershands bij consumenten die hem goedkoop kunnen kopen bij de monopolist. De monopolist loopt zijn meest lucratieve klanten mis. In feite zijn nu consumenten met een lage betalingsbereidheid concurrenten geworden van de monopolist, die daardoor zijn marktmacht uitgehold ziet.

De conditie van het ontbreken van een tweedehands markt is de conditie van de *individuele uitsluitbaarheid*. De monopolist moet in staat zijn om individuele consumenten uit te sluiten van het genot van zijn auto's. Alleen op die manier kan hij zich het volledige consumentensurplus toe-eigenen. Zonder uitsluitbaarheid heeft kennis van de betalingsbereidheid van de consument voor de monopolist geen meerwaarde. Immers, iedere prijsdiscriminatie die hij toepast zal achter zijn rug ongedaan worden gemaakt. Hij heeft dus maar één alternatief, namelijk één uniforme prijs vragen. Daarmee zijn we weer terug in het simpele monopoliemodel, waarvoor de monopolist niets hoefde te weten van de betalingsbereidheid van de individuele klant.

De mate van uitsluitbaarheid verschilt van product tot product. Voor persoonlijke diensten is uitsluitbaarheid geen probleem: de kapper knipt uw haren, u kunt die dienst niet doorverkopen. Een typisch voorbeeld met perfecte uitsluitbaarheid is ook de advertentiemarkt: de adverteerder zal zich bekend moeten maken, daar was het immers juist om te doen. Onvermijdelijk weet de eigenaar van het advertentiemedium dat dus ook. Deze kan zijn prijs dus afstemmen op de betalingsbereidheid van de adverteerder.

Voor duurzame consumptiegoederen zoals auto's is uitsluitbaarheid veel moeilijker. Er zal in ieder geval een tweedehands markt ontstaan, waar oudere auto's worden doorverkocht. Autoproducenten kunnen echter terugvallen op indirectere manieren om de markt te differentiëren, door kenmerken te benutten die direct gerelateerd zijn aan de betalingsbereidheid van consumenten. Zo hebben mensen die wat extra luxe in een auto waarderen vaak ook een hogere betalingsbereidheid. Door de ene auto iets luxueuzer uit te voeren dan de ander, wordt de consument gedwongen te kiezen tussen 'extra kwaliteit' en prijs. Technisch gesproken is die extra kwaliteit zijn extra prijs lang niet waard, de productiekosten zijn veel lager dan het prijsverschil. Zo worden computerprinters standaard met alle opties geproduceerd en worden bij sommige series doelbewust achteraf sommige opties onbruikbaar gemaakt. De lagere kwaliteit gaat hier dus met hogere productiekosten gepaard! Het doel van de kwaliteitsverschillen is echter vooral om consumenten met hoge en lage betalingsbereidheid te scheiden. Niet direct, door ieder naar zijn betalingsbereidheid aan te slaan, maar indirect doordat consumenten met een hoge bereidheid in het algemeen ook een iets andere voorkeur hebben. In feite gebruikt de monopolist informatie over kenmerken die gecorreleerd zijn met betalingsbereidheid om degenen met een hogere betalingsbereidheid aan te slaan. Dergelijke indirecte prijsdiscriminatie werkt niet zo goed als perfecte prijsdiscriminatie, maar komt daar vaak aardig in de buurt.

Een typisch voorbeeld van prijsdiscriminatie zijn retourtickets met én zonder weekendovernachting op de plaats van de bestemming. Het retour met weekendovernachting is voor de toerist met een lage betalingsbereidheid, het retour zonder weekendovernachting is vooral bedoeld voor de zakelijke reiziger met een ongelimiteerde onkostendeclaratie. Bij duurzame consumptiegoederen als auto's spelen nieuwe modellen een belangrijke rol: door ieder jaar een nieuw model uit te brengen, wordt een effectief onderscheid gemaakt tussen de verouderde tweedehands modellen en het hippe, chique, nieuwste-van-het-nieuwste model voor degenen met de hoogste betalingsbereidheid die daarmee ook willen pronken. En dat snobisme maakt het mogelijk om prijsdiscriminatie profijtelijk toe te passen.

Een tweede machtsfactor die grote invloed heeft op de verdeling van het surplus betreft de mate waarin partijen zich geloofwaardig kunnen binden aan hun prijsbeleid. Dit speelt vooral als niet alleen de producent maar ook de afnemers geconcentreerd zijn in één hand, zodat er zowel aan de vraag- als aan de aanbodzijde geen concurrentie is. Er is dan sprake van een *bilateraal monopolie*. Werkt de prijsdiscriminatie van de monopolist in dat geval nog? Dat hangt vooral af van de vraag hoe geloofwaardig de monopolist zich kan binden aan zijn prijsbeleid. Als die geloofwaardigheid maximaal is, dan rest consumenten weinig anders dan het prijsbeleid te accepteren en het goed aan te schaffen zolang men het goed hoger waardeert dan de door de producent voorgeschreven prijs. Immers, iets is beter dan niets. Maar als de geloofwaardigheid van de monopolist in de binding aan zijn prijsbeleid beperkt is, dan komt dit prijsbeleid onder druk te staan. In plaats van een eenzijdig vastgesteld prijsbeleid zijn dan *bilaterale onderhandelingen* mogelijk, waarbij de consument het goed niet aanschaft, ook al is de door de producent vastgestelde prijs lager dan de betalingsbereidheid van de consument. Met deze halsstarrigheid hoopt de consument de producent te vermurwen de prijs te verlagen, zodat een groter deel van het surplus aan de consument toevalt. De uitkomst van het onderhandelingsspel laat zich minder eenvoudig voorspellen. Een denkbare uitkomst is een patstelling, waarin beide partijen halsstarrig weigeren elkaar tegemoet te komen en waarin uiteindelijk het surplus wordt verspeeld bij gebrek aan overeenstemming over de verdeling. Wanneer de consument echter weet wat de productiekosten van de producent zijn en wanneer de producent de betalingsbereidheid van de consument kent, is het meest waarschijnlijke resultaat een efficiënte uitkomst waarbij het surplus min of meer gelijkelijk over beide partijen wordt verdeeld.

Geloofwaardige binding speelt ook een belangrijke rol in het simpele monopoliemodel, waarbij de producent de betalingsbereidheid van de consument niet kent. Zijn verleiding is groot om eerst via de hoge monopolieprijs het surplus af te romen van de consumenten met een hoge betalingsbereidheid. Als al die klanten hun zaken hebben gedaan, kunnen de consumenten met een lagere betalingsbereidheid met een lagere prijs worden bediend. In gewoon Nederlands: de uitverkoop. Maar zoals iedere middenstander weet, is de uitverkoop de voornaamste concurrent van de reguliere verkoop: de klant wacht op de uitverkoop. Alleen door zich geloofwaardig te binden aan de reguliere hoge verkoopprijs kan de monopolist zich de volledige winst toe-eigenen door te voorkomen dat hij zijn eigen concurrent wordt. Het voorbeeld maakt duidelijk dat prijsdiscriminatie geloofwaardige binding vereist. Een gebrek aan flexibiliteit is in dit geval dus in het belang van de producent, omdat dit het gedrag van de consument beïnvloedt.

Tabel 2.1 Hoe onderhandelingsmacht en informatie welvaart beïnvloeden

	Marktvormen		
	Volledige concurrentie	Simpel monopolie	Monopolie met prijsdiscriminatie
Onderhandelingsmacht			
Is er sprake van:			
Coördinatie producenten?	Nee	Ja	Ja
Geloofwaardige binding producent aan (prijs)strategie?	Irrelevant	Ja	Ja
Informatie			
Kent de producent betalingsbereidheid afnemers?	Irrelevant	Minimaal één van beide vragen met 'nee' beantwoord	Ja
Is het mogelijk om consumenten op individuele basis uit te sluiten?	Irrelevant		Ja
Marktuitkomsten			
Is er sprake van efficiëntie?	Ja	Nee	Ja
Hoe wordt het consumenten-producentsurplus verdeeld?	Naar consument	Monopoliewinst naar producent	Naar producent

Tabel 2.1 geeft een overzicht van de invloed van de besproken factoren op de efficiëntie van de uitkomst en de verdeling van het surplus tussen producenten en consumenten. Eenvoudigheidshalve is het geval van een bilateraal monopolie niet in de tabel opgenomen. De factoren zijn onderverdeeld naar de determinanten van macht en van informatie. Concurrentie holt de macht van producenten uit, coördinatie versterkt die. Gebrek aan geloofwaardige binding doet dat ook; in feite is een partij met haar verwachte toekomstige gedrag dan een concurrent van zichzelf, zoals de reguliere verkoop vandaag wordt gehinderd door de voor morgen geplande uitverkoop. De beschikbaarheid van informatie vergroot het aandeel van de monopolist in het maatschappelijk surplus, maar die informatie helpt alleen als zij gepaard gaat met uitsluitbaarheid, zodat de monopolist geen last heeft van de concurrentie van consumenten die zijn productie achter zijn rug om onderling verhandelen.

Onder volledige concurrentie zijn binding, informatie en uitsluitbaarheid irrelevant. Hoe verder we vervolgens naar rechts komen, des te groter is het aandeel van producenten in het surplus. Alleen in de middelste kolom, een simpel monopolie, is de uitkomst inefficiënt. Dit is het geval dat de producent wel onderhandelingsmacht heeft, maar geen informatie. Er is dan sprake van een *onderhandelingsprobleem*: de ongeïnformeerde monopolist kan slechts een deel van het surplus naar zich toetrekken door zijn aanbod te verminderen. Van hieruit is het ook eenvoudig in te zien waarom de overheid de inefficiëntie op kan lossen, zowel door de monopolist met een subsidie juist meer macht te geven als door de monopolist juist macht te ontnemen door zijn prijs aan een maximum te binden: vanuit de middelste kolom beweeg je met prijsregulering een kolom naar links, terwijl je met een subsidie juist een kolom naar rechts beweegt. We stuiten hier op een belangrijk principe bij de toedeling van eigendomsrechten: *beslissingsmacht moet zoveel mogelijk worden toebedeeld aan de geïnformeerde partij.* De welvaart van een land is daarmee het meeste gediend. Als de beslissingsmacht toevalt aan de niet-geïnformeerde partij, zoals bij een monopolist die beslist over de prijs en die de betalingsbereidheid van zijn klanten niet kent, dan leidt dat tot efficiëntieverlies.

Prijsregulering als een bilateraal monopolie

'Burn, baby, burn', zong de Enron-medewerker aan het begin van deze paragraaf toen een elektriciteitscentrale door bosbranden moest sluiten. Door het aanbod van elektriciteit te beperken gingen de prijzen omhoog. Dit spel is symptomatisch voor de relatie tussen een regulerende overheid en de monopolist. Het is verleidelijk om te denken dat de regulerende overheid de prijs vaststelt en dat de producent die prijs vervolgens als een gegeven aanneemt, net zoals hij dat zou doen als hij geen monopolist was, maar in heftige concurrentie stond met vele andere producenten. Zo mooi is de wereld echter niet. Monopolisten hebben de neiging de gereguleerde prijs als een onderhandelbare parameter te beschouwen, en terecht. Want het spel tussen overheid en monopolist is in feite een bilateraal monopolie, met de monopolistische producent als enige aanbieder en de overheid in zijn rol als regulator als enige vrager. Beide partijen kunnen niet om elkaar heen. De machtsverhoudingen in dat onderhandelingsspel zijn afhankelijk van alle factoren die we hiervoor hebben besproken, zoals de mate waarin partijen zich kunnen binden aan hun aangekondigde strategie en de informatie waarover zij beschikken. Op beide punten staat de overheid zwak. Mochten beide partijen het niet eens worden over de verdeling van het surplus, dan kan de monopolist simpelweg weigeren te produceren. De overheid als belangenbehartiger van alle consumenten komt dan onder grote druk van individuele consumenten met een hoge betalingsbereidheid om de monopolist een hogere prijs toe te staan. Het is dus zeer de vraag of de overheid zich geloofwaardig kan binden. Hetzelfde geldt voor de beschikbaarheid van informatie. De producent kent zijn kosten meestal veel beter dan de overheid. Ook dat verzwakt de positie van de overheid. Prijsregulering is dus geen panacee, voor een privaat monopolie net zo min als voor een staatsmonopolie.

2.2.3 Mededinging

Het is nog niet zo gek lang geleden dat de KPN monopolist was op het lokale netwerk van de telefonie. Wie met zijn telefoonsignaal de laatste meters van zendmast naar de telefoon thuis wilde overbruggen kon niet om de voormalige staatsmonopolist heen. De situatie is inmiddels veranderd. Sinds telefonie ook via de kabel kan, zijn er minimaal twee aanbieders voor de laatste meters. De mobiele telefonie is feitelijk een derde concurrent. Het lokale netwerk van kabels en leidingen wordt daardoor geheel overbodig. Het oude monopolie is aldus opengebroken en vervangen door een 'triopolie'. Welke krachten bepalen nu dat in deze markt drie concurrerende netwerken zijn ontstaan? Waarom is er niet nog een vierde toegetreden? Of waarom heeft niet één van de drie als gevolg van heftige concurrentie in deze markt zijn deuren gesloten? Over het antwoord op die vraag zijn boekenkasten volgeschreven. Toetreding is afhankelijk van tal van factoren. Afschrikking van toetreders door insiders, toetredingsbarrières, verzonken kosten, de relatiegerelateerde markten, het belang van reputaties en netwerken – het zijn stuk voor stuk factoren die bepalend zijn voor de vraag of een potentiële concurrent de sprong zal wagen door toe te treden. Het zou te ver voeren al die factoren hier te bespreken. Wij beperken ons tot de meest fundamentele vraag: is de omvang van het surplus voldoende om de vaste kosten te dekken?

Wederom is figuur 2.2 behulpzaam om de aard van het probleem te begrijpen. De horizontale aanbodcurve reflecteert de variabele kosten. Deze kosten zijn proportioneel aan de productieomvang. Als de producent zijn prijs gelijk zou zetten aan de variabele kosten, dan zou hij de variabele kosten dekken, maar zouden de vaste kosten ongedekt blijven. Maar als monopolist weet de producent ook nog de monopoliewinst te realiseren, de rechthoek in figuur 2.2. Zolang de vaste kosten dus kleiner zijn dan deze rechthoek, loont het voor de producent om tot de markt toe te treden. Dit simpele raamwerk is onze gids voor de analyse van mededinging. De verrassende conclusie is dat er twee exact tegengestelde problemen denkbaar zijn, die één op één corresponderen met de monopoliemacht van de producent: als de producent te weinig macht heeft, is er te weinig toetreding en als hij te veel macht heeft, is er te veel toetreding. Beide gevallen worden achtereenvolgens besproken.

Macht geven: tekortschietende monopoliemacht

Een privaat monopolie is vaak erger dan een staatsmonopolie.

KLM-president-directeur Leo van Wijk over zijn vrees voor het monopolie van Schiphol, *NRC Handelsblad*, 24 oktober 2000

Zo'n vijftien jaar geleden moesten telecombedrijven overal ter wereld beslissen of zij al dan niet zouden investeren in mobiele telefonie. Zo ook de KPN. Een nieuwe markt diende zich aan, maar die markt kon slechts worden opengebroken ten koste van gigantische investeringen in nieuwe infrastructuur. Zouden die investeringen door KPN ooit kunnen worden terugverdiend uit de te verwachten toekomstige winsten? Figuur 2.2 laat zien dat zijn monopoliewinst slechts een deel is van het totale surplus. Een deel van het surplus gaat naar consumenten, een ander deel – het bekende driehoekje rechtsonder – gaat als welvaartsverlies verloren. Alleen als de monopoliewinst groter is dan de vaste kosten, zal KPN de markt openbreken. De onvermijdelijke consequentie is dat voldoende toetreding of mededinging niet gegarandeerd is: als de vaste kosten groter zijn dan de verwachte monopoliewinst maar kleiner dan het totale surplus, zal geen enkele ondernemer bereid zijn de investering in de vaste kosten te doen. En dat terwijl die kosten wel opwegen tegen de maatschappelijke baten van toetreding.

De oorzaak van dit probleem is dat de monopolist na toetreding onvoldoende macht heeft om voldoende surplus van zijn investering naar zich toe te trekken. Zou hij het volledige surplus kunnen bemachtigen, dan zou hij de maatschappelijk efficiënte afweging maken. In feite houdt de monopolist bij zijn investeringsbeslissing geen rekening met het positieve externe effect van toetreding en de daarbij gemaakte vaste kosten op het consumentensurplus. Omdat consumenten een deel van het surplus van de investering van de monopolist naar zich toe weten te trekken, investeert de monopolist niet. Dit probleem doet zich dus voor als de vaste kosten relatief groot zijn ten opzichte van de totale omvang van het surplus. Het probleem zou zich niet voordoen als de monopolist perfecte prijsdiscriminatie zou kunnen toepassen. In dat geval kan de monopolist immers het volledige surplus naar zich toetrekken en heeft hij dus automatisch de juiste prikkels om al dan niet te investeren in de vaste kosten. In dat geval leidt prijsdiscriminatie dus tot een beter resultaat.

Overheidsinterventie

De inefficiëntie in een simpel monopolie blijkt dus een doorwerking te hebben naar nog een ander probleem: niet alleen is de productieomvang lager dan wat maatschappelijk wenselijk is, misschien wordt er zelfs helemaal niets geproduceerd, omdat de monopolist onvoldoende surplus naar zich toe kan trekken. Opnieuw laten de externe effecten zich moeilijk internaliseren door markttransacties, zoals Coase dat voor ogen had, omdat de belangen van consumenten uiteenlopen. Consumenten met een hoge betalingsbereidheid hebben een groot belang bij de toetreding van een producent. Voor consumenten met een lagere betalingsbereidheid is dat van minder groot belang. Iedere consument zal proberen niet bij te dragen aan de vaste kosten, maar anderen daarvoor op te laten draaien. Kortom: een typisch voorbeeld van uitvretersgedrag. Het vergt een staaltje van coördinatiekunst om de vaste kosten precies te verhalen op die consumenten die bereid zijn daarvoor te betalen. Welke opties heeft de overheid om de zaken ten goede te keren?

Een voor de hand liggende optie is dat de overheid de vaste kosten zelf voor haar rekening neemt, bijvoorbeeld door te productie te organiseren in een staatsbedrijf of door een private partij een subsidie te verstrekken. De subsidie compenseert de producent voor dat deel van het surplus dat hij zich via de markt niet kan toe-eigenen. Het voordeel van het toekennen van een subsidie boven een staatsbedrijf is dat de overheid niet betrokken raakt bij de organisatie van activiteiten waar zij zelf weinig verstand van heeft. Het nadeel is dat de overheid het juiste niveau van de subsidie moet zien te achterhalen, hetgeen informatie vereist over de kostenstructuur en de betalingsbereidheid van consumenten. Dat probleem wordt verergerd door het bindingsprobleem: de producent zal trachten meer subsidie los te peuteren door investeringsbeslissingen te traineren. Een voorbeeld van een staatsbedrijf is de NS, waar de overheid bijna de volledige investeringskosten van nieuwe baanvakken voor haar rekening neemt. Een voorbeeld van een subsidie is het Nederlands Fonds voor de Film, dat subsidies toekent voor nieuwe filmproducties. Een andere methode is de aanbesteding of veiling van productie- of dienstverleningsverplichting. Het voordeel van die methoden is dat de overheid niet zelf het subsidiebedrag hoeft vast te stellen. De concurrentie tussen potentiële aanbieders leidt tot de goedkoopste aanbieder. De overheid vergroot haar onderhandelingsmacht door meerdere aanbieders te laten concurreren.

Er is echter nog een ander nadeel dat het staatsbedrijf en de subsidie aan het Nederlands Fonds voor de Film gemeen hebben: zij zadelen de overheid op met een financieel tekort, dat zij zal moeten dekken door belastingen te heffen. Veel andere keuzes heeft zij niet. Die belastingen gaan echter ten koste van de efficiëntie van de economie. Sterker nog, in haar rol als belastinginner lijkt de overheid verdacht veel op een monopolist. Belastingopbrengsten zijn net monopoliewinsten: zoals de monopolist een opslag zet op productiekosten om een monopoliewinst te kunnen realiseren, zo zet de overheid een opslag op de prijs om belastinginkomsten te genereren en zich zo een gedeelte van het consumentensurplus te kunnen toe-eigenen. In beide gevallen gaat dat ten koste van de efficientie: consumenten met een betalingsbereidheid tussen de productiekosten en verkoopprijs haken af.

De analogie gaat nog verder. Een overheid die als beheerder van het geweldsmonopolie zijn belasting zo effectief mogelijk wil innen en een monopolist die zijn winst wil maximeren: beide staan in essentie voor hetzelfde probleem. In feite handelen zij volgens de metafoor van de Franse staatsman Colbert die belasting heffen vergeleek met het plukken van een gans: je probeert zo veel mogelijk veren te plukken met zo min mogelijk gesis. Het efficiëntieverlies van een hogere prijs, het donkergrijze driehoekje in figuur 2.2, is voor goederen met een steile vraagcurve relatief klein ten opzicht van de extra belastingopbrengst c.q. de monopoliewinst. Op die goederen kan zowel de overheid als de monopolist dus een groot deel van het consumentensurplus naar zich toe trekken zonder veel 'gesis', zonder veel efficiëntieverlies. De afruil tussen verdeling en efficiëntie is voor deze goederen dus gunstig.

Tussen de winstmaximerende monopolist en de belastingheffende overheid bestaat dus een nauwe verwantschap: beide zijn uit op een zo hoog mogelijke opbrengst, of die opbrengst nu monopoliewinst of belastingopbrengst heet. Monopoliewinst is derhalve niet alleen vies en vuil. Monopoliewinst is ook een compensatie voor de eerdere investeringen in vaste kosten. Iemand zal voor die kosten moeten opdraaien. Monopoliewinsten en belastingopbrengsten zijn beide daarvoor bedoeld. Belastingopbrengsten zijn bijvoorbeeld nodig om de kosten van het geweldsmonopolie te kunnen financieren. Vandaar dat monopoliewinsten veel weg hebben van een vorm van gedecentraliseerde belastingheffing.

We kunnen de analogie tussen de private monopolist en de belastingheffende publieke geweldsmonopolist nog een stap verder doortrekken. Gebrek aan informatie over de betalingsbereidheid van consumenten compliceert het leven van zowel de private monopolist als de overheid. Net zoals de monopolist bij gebrek aan informatie over de betalingsbereidheid van de consumenten de efficientie verstoort om meer surplus naar zich toe te trekken, zo verstoort de overheid de efficiëntie bij het heffen van belastingen.

Deze gedachte leidt tot een geheel andere aanpak van het probleem van de dekking van de vaste kosten dan het traditionele staatsbedrijf of de subsidie voor het Nederlandse Fonds voor de Film. Als een producent onvoldoende monopoliemacht heeft om een groot genoeg aandeel van het surplus af te romen ter dekking van de vaste kosten, dan is het misschien de meest eenvoudige oplossing om die macht te vergroten. Hoe dat kan hebben we gezien in tabel 2.1. We kunnen de producent meer informatie verschaffen over de betalingsbereidheid van consumenten. We kunnen ook de uitsluitbaarheid van consumenten vergroten. Beide ingrepen maken dat de producent meer prijsdiscriminatie kan toepassen, zodat hij een groter aandeel van het surplus naar zich toe kan trekken. In de limiet kan de producent zich het volledige surplus toe-eigenen, zodat hij zeker voldoende prikkels heeft om te investeren. Immers, als de vaste kosten nog hoger zijn, dan is die investering ook maatschappelijk niet rendabel, zodat de investering beter achterwege kan blijven. Het grote voordeel van deze aanpak is dat er weliswaar sprake kan zijn van onderinvestering – door imperfecte prijsdiscriminatie kan de producent zich immers niet het volledige surplus toe-eigenen – maar deze aanpak zal zeker niet tot overinvesteringen leiden. Het debacle van de Betuwelijn maakt duidelijk dat dat laatste niet gegarandeerd is als de overheid de kosten voor haar rekening neemt. De overheid tast immers in het duister over de omvang van het surplus. In de praktijk probeert de overheid doelbewust de macht van de monopolist te vergroten om hem in staat te stellen de vaste kosten te dekken. Laten we een aantal voorbeelden eens bij de kop vatten.

Kruissubsidies

De overheid staat twee staatsbedrijven – de Nederlandse Spoorwegen en Schiphol – toe om behalve in hun kernactiviteit ook actief te zijn in vastgoedontwikkeling op locaties in de directe omgeving van hun stations en terminals. Die kantoorlocaties zijn zeer gewild, omdat ze goed bereikbaar zijn. Niet voor niets maken beide bedrijven meer winst op hun vastgoedportefeuille dan op hun kernactiviteiten: het laten rijden van treinen en het afhandelen van vliegbewegingen. In feite is er dus sprake van een kruissubsidie: de huuropbrengst van de kantoren draagt een deel van de vaste kosten van het transportnetwerk. Die kruissubsidie is een vorm van prijsdiscriminatie: gebruikers met een hoge betalingsbereidheid voor een hoogwaardig transportnetwerk worden via de huurprijs van hun kantoor aangeslagen voor de vaste kosten ervan. Het in één hand brengen van kantoorlocaties en netwerkbeheer maakt het zo mogelijk dat de vaste kosten beter kunnen worden gedekt.

Uitsluitbaarheid bij r&d

Een duidelijk voorbeeld waar de overheid via wetgeving de macht van de monopolist versterkt zijn *octrooien* voor 'research & development' (r&d) en technologische innovaties. De kosten van r&d zijn bij uitstek vast: ze zijn volkomen onafhankelijk van de productieomvang die op basis van fundamenteel onderzoek wordt gerealiseerd. Het gebruik van de resultaten van onderzoek is vaak ook slecht uitsluitbaar. Is de uitvinding eenmaal gedaan, dan is het voor de investeerder moeilijk om te voorkomen dat andere producenten ook van de resultaten van het onderzoek profiteren. Hier bieden juridische hulpmiddelen als octrooien en patenten uitkomst. Hiermee wordt de uitsluitbaarheid geregeld door de eigendomsrechten van het gebruik van de resultaten van de onderzoek toe te kennen aan degene die de investering heeft gedaan.

In dit geval kan er een dilemma ontstaan van het optimale gebruik van de resultaten van r&d versus de optimale prikkels voor bedrijven om daarin te investeren. Als de r&d eenmaal is verricht, kunnen de resultaten het beste gratis aan iedereen ter beschikking worden gesteld. De marktprijs wordt dan gelijk aan de variabele kosten zodat het volledige consumentensurplus wordt gerealiseerd. Maar in dat geval is er geen beloning voor de investeerder in r&d. Door de investeerder het alleenrecht te geven op het gebruik van de resultaten, verwerft hij monopoliemacht. Die macht geeft hem de kans zich een deel van het consumentensurplus toe te eigenen, zoals in het simpele monopoliemodel. Ook hier geldt dat prijsdiscriminatie tot een beter resultaat leidt, omdat de investeerder het volledige consumentensurplus naar zich toe kan trekken zonder dat deze strategie ten koste gaat van de maatschappelijke efficiëntie.

Uitsluitbaarheid en collectieve goederen

Een specifiek voorbeeld van het probleem van te weinig toetreding of mededinging zijn collectieve goederen. Een puur collectief goed heeft twee eigenschappen: *niet-rivaliteit* en *niet-uitsluitbaarheid*. Niet-rivaliteit betekent dat de aanbieder zonder meerkosten een extra consument van het goed kan laten profiteren. De variabele productiekosten zijn met andere woorden gelijk aan nul en de productiekosten zijn volledig vast. De eigenschap van niet-uitsluitbaarheid is gerelateerd aan het begrip *individuele uitsluitbaarheid* dat wij in de vorige paragraaf bespraken. Als consumenten individueel uitsluitbaar zijn, dan kan een producent zijn producten op naam verkopen en aldus uitsluiten dat een consument met een lage betalingsbereidheid ze doorverkoopt aan iemand met een hoge betalingsbereidheid. Zonder individuele uitsluitbaarheid kan de producent niet bepalen wie er van de productie profiteert. Hij is dus gedwongen om een uniforme prijs te vragen en om af te zien van prijsdiscriminatie, waardoor hij zich slechts een deel van het surplus van zijn investering kan toe-eigenen. Niet-uitsluitbaarheid gaat nog een stap verder. In dat geval kan de producent geen enkele prijs vragen voor het profijt van het goed, omdat hij niet kan voorkomen dat consumenten profiteren van het goed, ook al betalen ze niets. Via vrijwillige transacties kan de producent daarom geen enkel deel van de waarde die zijn productie genereert naar zich toe trekken. Op die manier blijven de vaste kosten volledig ongedekt en zal het collectieve goed niet worden geproduceerd. Als er veel belanghebbende consumenten van dit collectieve goed zijn, is hier duidelijk sprake van een complex extern effect: velen hebben baat bij de totstandkoming van het goed, maar ieder individu heeft er belang bij zich aan zijn contributie in de kosten te onttrekken. Hier kan alleen overheidsdwang helpen.

Gebrekkige informatie over de individuele betalingsbereidheid speelt de overheid echter parten bij de bepaling of het consumentensurplus de investering rechtvaardigt. Door de eigenschap van het goed dat niemand van het genot kan worden uitgesloten is deze informatie moeilijk boven water te krijgen. Als de overheid consumenten laat bijdragen conform hun zelf gerapporteerde betalingsbereidheid, dan heeft iedereen er belang bij een (te) lage betalingsbereidheid te rapporteren. Als de overheid dit probleem probeert te omzeilen door aan alle consumenten een gemiddelde bijdrage te vragen, dan zullen consumenten hun verschillen in betalingsbereidheid uitvergroten. Consumenten met een hoge betalingsbereidheid hebben baat bij de totstandkoming, omdat hun profijt hoger is dan gemiddelde kosten. Zij kunnen kosteloos hun betalingsbereidheid overdrijven en zullen dat ook doen om de totstandkoming van het collectieve goed te bewerkstelligen. Om dezelfde reden zullen consumenten met een lage betalingsbereidheid dat profijt zelfs nog lager weergeven dan het feitelijk is. Bij het aanbieden van een collectief goed staat de overheid dus voor een veel groter onderhandelingsprobleem dan een private monopolist die de betalingsbereidheid van de consumenten niet kent. De overheid kan bij het aanbieden van collectieve goederen daarom ook niet vertrouwen op vrijwillige ruil om meer informatie te verschaffen over betalingsbereidheid, omdat de consument er geen enkel belang bij heeft om die betalingsbereidheid naar eer en geweten te rapporteren, aangezien hij niet uitsluitbaar is van het genot van het collectieve goed. Consumenten moeten gedwongen worden om mee te betalen.

Vandaar dat uitsluitbaarheid een maatschappij helpt om te komen tot een meer afgewogen beslissing over het gewenste pakket van collectieve voorzieningen. Uitsluitbaarheid helpt om de relevante informatie over betalingsbereidheid boven tafel te krijgen. Soms is uitsluitbaarheid een technisch probleem. Tot voor kort was thuis afspeelbare muziek (lp's, cd's) redelijk uitsluitbaar. De enige bedreiging was het cassettebandje. Sinds de opkomst van internet en de cd-brander is het met de uitsluitbaarheid gedaan. Thuis afspeelbare muziek is daarmee een collectief goed geworden. Artiesten zijn dus op zoek gegaan naar andere kanalen om de consumenten voor hun kunstje te laten betalen. Concerten zijn daarvoor een nuttig instrument. Een voorbeeld van een terrein waar de uitsluitbaarheid steeds beter realiseerbaar wordt is het gebruik van autowegen. We kunnen steeds beter registreren wie wanneer waar rijdt, via detectielussen, fotocamera's en in auto's ingebouwde zenders of chips. Wat vroeger een puur collectief goed was, verandert daardoor geleidelijk in een gewoon product, waarvoor een normale markt bestaat. Technologische innovaties hebben ertoe geleid dat steeds meer producten hun status als collectief goed verliezen.

De paradoxale conclusie is dus dat monopoliemacht niet altijd slecht is. Soms hebben monopolistische producenten te weinig macht. Ze zijn dan niet in staat om de vaste productiekosten te dekken. Dat leidt tot onvoldoende toetreding. Puur collectieve goederen, zoals defensie, zijn een extreem geval van dit probleem. Daar kan de producent helemaal niets van het consumentensurplus naar zich toetrekken, zodat deze goederen zonder overheidsdwang nooit zullen worden aangeboden. Maar alle productieprocessen met schaalvoordelen kampen in potentie met hetzelfde probleem. De ultieme vraag is steeds: wie draagt de vaste kosten? De verleiding is groot om de vaste kosten dan maar bij de overheid onder te brengen. Die oplossing brengt echter grote kosten met zich mee. Vandaar onze paradoxale conclusie: soms moet de overheid de monopoliemacht juist versterken, door prijsdiscriminatie, door kruissubsidies of door een wettelijke regeling van uitsluitbaarheid (zoals met patenten en octrooien), zodat monopolisten zelf hun vaste kosten kunnen terugverdienen. De intuïtie van KLM-topman Leo van Wijk waarmee deze paragraaf opende is dus niet zomaar terecht. Er zijn goede redenen om private monopolies voldoende macht te geven om hun vaste kosten te kunnen terug verdienen. Een staatsbedrijf is vaak een slecht alternatief.

Macht ontnemen: excessieve concurrentie

Zoals het voorbeeld van de telefoniemarkt laat zien, is een te klein aantal toetreders niet het enige gevaar. Het omgekeerde is ook mogelijk: te veel toetreding. De markt is zo aantrekkelijk dat er ruimte is voor meerdere aanbieders. Dat leidt tot verspilling. Iedere nieuwe toetreder moet opnieuw de vaste kosten betalen. Na de eerste toetreder is dat weggegooid geld. Waarom nog een kabelnetwerk aanleggen als het oude vertrouwde net van koperdraden van de KPN nog voldoet? Historisch is dat verklaarbaar, omdat de kabel de mogelijkheid bood om televisiesignalen door te geven. Maar bij de discussie over de aanleg van een nieuw glasvezelnet is deze vraag weer volop actueel. Laten we ons eenvoudigheidshalve concentreren op het geval dat een tweede aanbieder zich een positie probeert te verwerven op een monopolistische markt. De nieuwe aanbieder leidt tot meer concurrentie en dus tot een lagere prijs. Het uiteindelijke effect is dat de winst van beide aanbieders *tezamen* minder is dan die van de monopolist. Maar indien die lagere winst voldoende is om twee keer de vaste kosten uit te betalen, dan bestaat de kans dat zich twee aanbieders op de markt melden. Ook hier geldt dat de verdeling van het consumentensurplus niet simpelweg wordt bepaald door de monopolistische marktvorm. Deze verdeling is ook afhankelijk van de beschikbare informatie, van de uitsluitbaarheid van klanten en van de mogelijkheid van de monopolist zich geloofwaardig te binden (zie tabel 2.1). Een toetreder zal zich wel drie keer bedenken voordat hij toetreedt tot een markt waar de monopolist zich geloofwaardig kan binden aan de 'belofte' dat hij door felle prijsconcurrentie geen ruimte zal laten voor een nieuwe toetreder. Of er daadwerkelijk toetreding plaatsvindt is daarom afhankelijk van dit soort specifieke factoren, die we hier echter niet zullen bespreken.

Hoe moeten we de toetreding van een tweede aanbieder vanuit maatschappelijk oogpunt beoordelen: is dat een vloek of een zegen? De toetreding heeft zowel voor- als nadelen. Het voordeel is dat de grotere concurrentie tussen de aanbieders leidt tot lagere prijzen, waardoor het efficiëntieverlies kleiner wordt (het bekende grijze driehoekje rechtsonder in figuur 2.2). Het nadeel is dat nu twee keer de vaste kosten worden betaald, en dat is pure verspilling. Deze voor- en nadelen duiden op zowel positieve als negatieve externe effecten van de toetreding van een tweede aanbieder. Het negatieve externe effect is het *broodroofeffect*: de winst van de toetreder gaat voor een belangrijk deel ten koste van de winst van de oude monopolist. Het broodroofeffect is precies analoog aan een bewapenings- en beveiligingswedloop: twee partijen die beide investeren om zich een deel van het surplus toe te eigenen. De toetreder neemt dit negatieve externe effect op de winst van de monopolist niet in zijn afweging mee. Het positieve externe effect is de lagere prijs door de grotere concurrentie, waardoor het efficiëntieverlies kleiner wordt. Het is niet zomaar duidelijk welk effect de overhand heeft. Het is goed mogelijk dat er sprake is van *te veel* concurrentie, iets wat je economen niet vaak hoort zeggen!

Overheidsinterventie

Om schaalvoordelen maximaal te benutten en dubbele investeringen in de vaste kosten van de infrastructuur te voorkomen, kan de overheid de toetreding tot de markt beperken. Dat kan door een publieke aanbieder een wettelijk monopolie te geven, zoals de PTT als voorloper van de KPN vroeger had op de markt voor telefonie. Een alternatieve weg is om een vergunning voor de exploitatie van het monopolie te veilen. Via de concurrentie tussen potentiële aanbieders kan de overheid dan het equivalent van de verwachte monopoliewinst incasseren. Het voordeel van een publieke aanbieder is dat de overheid zeggenschap houdt. Het nadeel is dat zij verantwoordelijk wordt voor allerlei productieprocessen waarvan zij meestal weinig verstand heeft. We komen hier in het volgende hoofdstuk nog uitgebreid op terug.

Er is echter een achterliggende, meer fundamentele vraag die nog beantwoord moet worden: is de beperking van de concurrentie überhaupt wenselijk? Het fundamentele probleem is dat producenten eigenlijk te veel macht hebben: er is zo veel surplus dat daaruit meerdere producenten de vaste kosten kunnen betalen. Door bij wet maar één producent tot de markt toe te laten, wordt die producent monopolist. Of het nu gaat om een wettelijk monopolie in publieke of in private handen, in beide gevallen zal die monopolist zonder nadere regels trachten zijn winst te maximeren, precies zoals we in de vorige paragraaf besproken hebben. Dat leidt dus tot forse efficiëntieverliezen (het donkergrijze driehoekje in figuur 2.2). De overheid zal het toegekende monopolie dus moeten beteugelen met andere instrumenten. Prijsregulering is dan het meest voor de hand liggende instrument en toetredingsregulering roept aldus prijsregulering op. Prijsregulering is echter niet zonder bezwaren. Het is voor de overheid haast onmogelijk zich geloofwaardig te binden aan haar prijsregulering. Zij raakt dan ook snel verzeild in een bilateraal monopolie, waarin zij met de monopolist moet gaan onderhandelen over de verdeling van het surplus. Die situatie wordt nog erger als zij niet goed geïnformeerd is over de kostenstructuur van de producent. Dat stelt namelijk hoge eisen aan de regulerende capaciteiten van de overheidsbureaucratie. De overheid ziet zich geplaatst voor het dilemma van het bevorderen van concurrentie versus het benutten van schaalvoordelen. Naarmate de overheid optimistischer is over haar vermogen om de schadelijke gevolgen van monopoliemacht te bestrijden, zal zij meer geneigd zijn schaalvoordelen te benutten. Indien de overheid daar echter pessimistisch over is, dan zal zij de verdubbeling van de vaste kosten voor lief moeten nemen. Die verdubbeling van de kosten zijn dan een vorm van transactiekosten om het surplus af te romen van producenten en dit surplus zoveel mogelijk ten goede te laten komen aan consumenten.

Het dilemma tussen het bevorderen van concurrentie en het benutten van schaalvoordelen is acuut bij markten met zowel hoge vaste kosten als een relatief steile vraagcurve, zodat monopolisten een hoge overwinst kunnen realiseren, omdat de vraag toch nauwelijks gevoelig is voor prijsveranderingen (vergelijk figuur 2.2). Het is immers alleen de moeite waard om excessieve concurrentie te voorkomen als tegelijkertijd de vaste kosten substantieel zijn en de kans op een tweede toetreder reëel is. Dat is zo als er voldoende ruimte voor twee aanbieders is, met andere woorden: als de potentiële monopoliewinsten hoog zijn. De overheid moet dan wel zeer overtuigd zijn van haar vermogen de monopoliemacht aan banden te leggen. Zo niet, dan kan ze beter op de kracht van concurrentie vertrouwen om zo via concurrentie de macht van de monopolist aan banden te leggen. De verdubbeling van de kosten van de infrastructuur moet ze dan maar voor lief nemen. Een typisch voorbeeld is het landelijke hoogspanningsnet. Dat is een kostbare investering en het zou verspilling zijn een tweede parallelle netwerk ernaast te leggen. De vraag naar elektriciteit is echter dermate ongevoelig voor prijsveranderingen, dat daar in de markt wel voldoende ruimte voor is. Die redenering geldt echter niet voor de spoorwegen. Het netwerk is weliswaar kostbaar, maar het is de vraag of de NS in staat zou zijn deze investering uit de verkoop van treinkaartjes zelf te financieren. Er is in de markt zeker geen plaats voor een tweede netwerk.

Al met al is het optimisme over het vermogen van de overheid om monopolies te beheersen de afgelopen decennia flink geslonken, of het nu gaat om publieke aanbieders of om private partijen. Vandaar dat besloten is om het wettelijk monopolie voor de telefonie en de post geheel of gedeeltelijk op te heffen en nieuwe toetreders toe te laten.

Er is nog een tweede reden waarom concurrentie misschien te verkiezen is boven een wettelijk monopolie. Neem opnieuw het geval van een monopolist die de concurrentie van een toetreder te verduren krijgt. Die concurrentie leidt niet alleen tot een broodroofeffect, waarbij de toetreder er met een deel van de winst van de monopolist vandoor gaat. Concurrentie leidt ook tot lagere prijzen en dus tot een groter surplus voor consumenten. Als de overheid perfecte instrumenten heeft om het surplus af te romen ten bate van de consument, dan is dat probleem niet zo belangrijk. Stel bijvoorbeeld dat de overheid de prijs kan reguleren, dan kan het surplus op die manier aan de consument worden teruggegeven. Een andere mogelijkheid ontstaat wanneer er meerdere potentiële aanbieders zijn zodat de vergunning voor de exploitatie van het wettelijk monopolie kan worden geveild. Met de opbrengst van de veiling kan de consument worden gecompenseerd. Als de overheid echter geen goede instrumenten heeft om het surplus af te romen, dan is meer concurrentie tussen meerdere aanbieders die daadwerkelijk produceren een alternatief. Op zichzelf zijn de extra vaste kosten vanwege de verdubbeling van de infrastructuur pure verspilling, maar zij dragen bij aan de overdracht van het surplus van monopolistische producenten naar de consument. Die extra kosten zijn in feite gewoon een vorm van transactiekosten, de kosten om het surplus over te hevelen van producenten naar consumenten. En op die manier fungeert concurrentie als een herverdelingsinstrument.

Eerder concludeerden wij dat, wanneer de macht van de monopolist onvoldoende groot is om de vaste kosten te dekken, de overheid de macht van die monopolist juist moet versterken. Hier eindigen we met precies de omgekeerde conclusie. Als meerdere toetreders kunnen overleven, doet de overheid er vaak verstandig aan om de concurrentie te bevorderen. Weliswaar worden dan nodeloos extra kosten gemaakt voor een verdubbeling van de infrastructuur, maar die kosten wegen niet op tegen de voordelen van meer concurrentie. Alleen in een extreem geval als het hoogspanningsnet voor de elektriciteit is een wettelijk monopolie waarschijnlijk efficiënter. Maar ook dan zal de overheid pogen de macht van de monopolist te beperken via prijsregulering. Zo gaat het geven van macht via toetredingsregulering samen met het ontnemen van macht via prijsregulering. In de politieke discussie worden beide situaties dan ook nogal eens door elkaar gehaald. Het monopolie van de Nederlandse Spoorwegen in het spoorvervoer wordt nogal eens in één adem genoemd met dat van de beheerder van het hoogspanningsnet van de elektriciteit, Tennet. Het gaat echter om twee totaal verschillende gevallen. Tennet is inderdaad een geval waar een wettelijk monopolie met prijsregulering de beste oplossing is. Het monopolie voorkomt verspilling, de prijsregulering ontneemt de monopolist de mogelijkheid tot machtsmisbruik. Bij de NS is het precies omgekeerd. Geen hond zou het nu nog in zijn hoofd halen om een nieuw spoorwegnet aan te leggen. Een wettelijk monopolie is dus boter aan de galg. Het probleem van de NS is veeleer dat hij onvoldoende marktmacht heeft om de vaste kosten van de infrastructuur te dekken. Niet macht ontnemen, maar macht geven zou hier dus de juiste oplossing zijn. Het is deze januskop die concurrentiebeleid zo gecompliceerd maakt: welke ingreep het beste is, verschilt van sector tot sector en van tijd tot tijd. Er zijn een paar algemene principes, maar een standaardrecept, dat is er helaas niet.

Extreme machtsposities: Bill Gates & Co

There are people who don't like capitalism, and people who don't like PCs. But there's no-one who likes the PC who doesn't like Microsoft.

Microsoft-topman en -oprichter Bill Gates

Waarom heeft het besturingsprogramma *Windows* Bill Gates zo rijk kunnen maken? Er is in de markt voor besturingssystemen duidelijk sprake van schaalvoordelen. Als we allemaal hetzelfde systeem gebruiken besparen we ons de ontwikkelingskosten van een tweede systeem. Bovendien is het veel makkelijker als we allemaal hetzelfde systeem gebruiken. Dat voorkomt ingewikkelde communicatieproblemen bij informatieoverdracht tussen diverse systemen. Gezien de enorme winsten van Microsoft was er echter ruimschoots plaats op de markt voor een tweede aanbieder. Waarom is die tweede aanbieder er dan toch niet gekomen? De reden moet men zoeken in de aard van de schaalvoordelen. Die schaalvoordelen zitten niet in de vaste kosten die een toetreder moet maken om een nieuw besturingsprogramma te ontwikkelen. De schaalvoordelen zitten in het klantenbestand: omdat Microsoft al zo veel klanten heeft voor Windows, is het voor iedere volgende klant ook veel aantrekkelijker om Windows te kiezen. Dat bespaart hem een hoop gedoe bij de communicatie met andere computergebruikers. Een nieuwe toetreder kan dus niet simpelweg investeren in nieuwe programmatuur en dan met veel geduld een klantenbestand opbouwen. Hij moet in één keer al zijn potentiële klanten ervan overtuigen dat zijn besturingssysteem beter is dan Windows, en de klanten bovendien overtuigen dat alle andere gebruikers er net zo over denken en dus ook willen overstappen. Dat eerste is niet zo moeilijk, dat tweede is nagenoeg onmogelijk. Normaal gesproken zijn het de vaste kosten die de barrière vormen die de potentiële concurrent buiten de deur houdt. Vaste kosten vormen voor een monopolist niet een aantrekkelijke barrière. Hij moet die vaste kosten immers zelf ook maken en betalen, en dat vreet aan de winst. In het geval van Microsoft is de barrière echter het klantenbestand. Een klantenbestand heb je al en een toetreder moet maar zien dat hij het van je af kan pakken. En daarom is Bill Gates de rijkste man ter wereld.

De markt voor besturingssystemen is niet uniek. Er zijn tal van producten waar de schaalvoordelen niet zozeer schuilgaan achter de vaste kosten van de producent, maar in het feit dat er zo veel andere gebruikers zijn die dezelfde standaard gebruiken. Informatiekanalen en marktplaatsen hebben dezelfde eigenschap. Via Google kun je alles op internet vinden. Iedereen die iets zoekt, doet dat dus via Google. Als jij gevonden wilt worden, weet je dat je moet zorgen dat je via Google te vinden bent. Het individuele gedrag van vragers en aanbieders van informatie heeft dus één onbedoeld effect op macroniveau: de verdere versterking van de machtspositie van Google. Hetzelfde geldt voor een andere kampioen van het internettijdperk, de veilingsite van Ebay: potentiële kopers zoeken daar, omdat alles er te vinden is. Verkopers bieden hun koopwaar daar dan aan, omdat alle potentiële kopers daar aan het zoeken zijn. Maar ook voor de opkomst van internet bestonden er dergelijke extreme machtsposities: de positie van *De Telegraaf* op de markt voor autoadvertenties, of het blad *Intermediair* voor personeelsadvertenties, McKinsey op de markt voor consultancy, het bedrijf Standard & Poor's bij de rating van de kredietwaardigheid van marktpartijen, of de bladen *Nature* of *Science* als de tijdschriften waarin iedere wetenschapper zijn nieuwste wetenschappelijke doorbraak wil publiceren.

Vanuit maatschappelijk oogpunt zijn zulke monopolieposities zeer schadelijk. Er worden enorme overwinsten gemaakt die in het geheel niet dienen voor de dekking van enige vorm van vaste kosten. Adverteren op Ebay zou eigenlijk gratis moeten zijn. De kosten zijn immers nagenoeg nul. Sterker nog, je zou voor zo'n advertentie subsidie moeten krijgen. Immers, jouw advertentie heeft een positief extern effect op potentiële kopers: hun keuzemogelijkheden worden er immers door vergroot. De subsidie internaliseert dat externe effect voor jou. Er is dus alle reden voor een scherp prijsbeleid in deze sector. Het is eigenlijk verbazingwekkend dat daar juist zo weinig aan gebeurt. De vraag is dus niet waarom Bill Gates de rijkste man van de wereld is geworden, het is vooral de vraag waarom hij dat zo lang heeft kunnen blijven.

2.3 Selectie tegen wil en dank

De markt kent geen moraal en heeft geen belang bij solidariteit.

Agnes Kant e.a. in *NRC Handelsblad*, 24 juni 2004

Al sinds mensenheugenis wordt de mensheid geconfronteerd met risico en onzekerheid. Boeren werden vaak geconfronteerd met misoogsten en plundering van landerijen; later bleek de markt voor ambachtslieden of arbeiders voor specifieke talenten en bekwaamheden wel eens in te storten, met werkloosheid tot gevolg. Dat was zo en dat is nog steeds zo. Vaak was overleven slechts mogelijk door deze onzekerheden te voorzien en daar adequate maatregelen tegen te nemen. Kortom: de markt voor verzekeringen is er een van alle tijden.

De verzekeringsmarkt is niet vrij van problemen. Wij zijn allemaal wel eens ziek, maar niet allemaal even vaak. Sommige mensen zijn onverwoestbaar, geen griepepidemie krijgt ze klein. Anderen zijn bij het minste of geringste zuchtje wind al geveld. Voor verzekeraars is dat het verschil tussen een *goed* en een *slecht risico*. Mensen van wie je bij voorbaat kunt verwachten dat ze weinig ziek zijn, die wil je als verzekeraar graag als klant hebben. De zwakke broeders zijn een stuk minder aantrekkelijk. De concurrentie doet echter ook hier zijn werk. Verzekeraars vechten om de mensen die als goede risico's te boek staan. De premies voor deze groep gaan dus omlaag, totdat ook voor hen de verwachte schade gelijk is aan de premie. We spreken dan van actuarieel redelijke premies: iedereen betaalt gemiddeld genomen zijn eigen schade.

Concurrentie kan zijn werk echter niet goed meer doen als de verzekeraar goede en slechte risico's bij voorbaat niet goed kan onderscheiden, terwijl de verzekerden dat zelf wel goed weten. Slechte risico's die naar verwachting veel schade hebben zullen zich goed verzekeren. Goede risico's daarentegen hebben naar verwachting weinig schade. Het is dus goed denkbaar dat zij die schade liever zelf dragen dan dat zij via een hoge verzekeringspremie moeten bijdragen aan de schadelast van de mensen die ziek, zwak en misselijk zijn.

Net als bij een monopolist die de betalingsbereid van zijn klanten niet kent, is er hier dus sprake van *asymmetrische informatie*: de verzekerden weten iets wat de verzekeraar niet weet. Maar er is een cruciaal verschil tussen de monopolist en de verzekeraar. De betalingsbereidheid van de klant is voor de monopolist alleen indirect van belang, namelijk omdat een hoge betalingsbereidheid aan de monopolist de gelegenheid geeft om die klant een hogere prijs in rekening te brengen. Het risicoprofiel van de verzekerde is voor de verzekeraar van direct belang: zijn kosten zijn ervan afhankelijk.

Voor verzekeraars is deze vorm van *risicoselectie* daarom een groot probleem. Uiteindelijk bestaat hun klantenbestand alleen nog maar uit slechte risico's, met een dienovereenkomstige schadelast. Om hun faillissement te voorkomen, moeten zij dus hun premies verhogen. De laatste goede risico's in hun klantenbestand zullen nu ook eieren voor hun geld kiezen, met verdere premieverhogingen als gevolg. De verzekeringsmarkt verschrompelt meer en meer. Uiteindelijk verzekeren zij alleen slechte risico's, met een premie die aansluit bij hun slechte (dat wil zeggen: hoge) risico.

Toch zijn ook de goede risico's ongelukkig met deze uitkomst. Zij willen zich op zich graag tegen het ziekterisico verdedigen, maar niet als zij ook mee moeten betalen voor de schadelast van de slechte risico's. Als zij geloofwaardig aan een verzekeraar duidelijk konden maken dat zij een goed risico zijn, dan zouden zij graag een bij hun risicoprofiel passende verzekeringspremie betalen. De verzekeringsmaatschappij kan goede en slechte risico's echter niet onderscheiden en moet dus veiligheidshalve een veel hogere premie vragen. Had de verzekeringsmaatschappij wel de noodzakelijke informatie gehad, dan was voor goede risico's een betere uitkomst mogelijk geweest.

Er is sprake van inefficiëntie en dus moet er sprake zijn van een extern effect. Wat is de aard van het externe effect? Goede risico's veronachtzamen bij hun beslissing om zich al dan niet te verzekeren het positieve externe effect van hun verzekeringsbeslissing op de winst van de verzekeraar. Zij nemen dus vanuit maatschappelijk oogpunt te weinig verzekering. Omdat verzekeraars hun kosten zullen moeten goedmaken, komt dat negatieve effect uiteindelijk in de vorm van premieverhoging terecht bij de slechte risico's.

Het gaat zeker niet alleen om efficiëntie, maar ook om de verdeling tussen goede en slechte risico's: in een verzekering met een gemiddelde premie dragen de goede risico's bij aan hoge lasten van de slechte risico's. Zonder deze impliciete kruissubsidie van goede aan slechte risico's zouden de premies voor de slechte risico's flink omhoog moeten. Risicoselectie zet deze vorm van solidariteit onder druk. Vandaar dat de discussie over de mate van risicoselectie tot veel politieke spanningen leidt: de belangen van diverse groepen lopen sterk uiteen.

Risicoselectie of selectie in algemene zin is niet typisch voor de markt voor ziektekostenverzekeringen. Sterker nog, het is niet eens specifiek voor de verzekeringsmarkt in den brede. Soortgelijke problemen doen zich voor op de markt voor tweedehands auto's, waar vooral exemplaren met allerhande mankementen te koop worden aangeboden. Het speelt ook in de werksituatie, waarin de werkgever iedereen een gelijk loon betaalt, maar waarin de één toch veel meer toegevoegde waarde genereert dan de ander. Het speelt daardoor ook bij het ontslag van werknemers: de werkgever wil graag de beste mensen houden, de vakbond wil dat verhinderen, al was het maar om te voorkomen dat het ontslag bij de vorige baas een stigma is bij het zoeken naar een nieuwe baas. Bij de veiling van exploratievergunningen voor oliemaatschappijen speelt risicoselectie eveneens een rol. Al die maatschappijen hebben terdege onderzocht hoe groot de succeskans van olieboring in het geveilde kavel is. Het feit dat de één de veiling wint is voor hem een slecht voorteken: andere zagen er na rijp beraad blijkbaar geen brood in. Het probleem speelt verder bij de selectie op universiteiten, waarbij de goede studenten een eigen opleiding willen waarmee ze zich later in hun carrière goed kunnen profileren.

Bij risicoselectie kunnen drie gevallen worden onderscheiden: (1) iedereen heeft er belang bij om selectie te voorkomen, (2) alleen de slechte risico's hebben er belang bij (zij profiteren immers van de solidariteit van de goede risico's) en (3) zowel goede als de slechte risico's hebben *als groep* belang bij risicoselectie, maar *individuele* slechte risico's hebben er belang bij die selectie te voorkomen. We zullen deze gevallen nu achtereenvolgens bespreken.

Voorkoming van risicoselectie in ieders belang

De krachten voor risicoselectie zijn zo sterk dat ze – zelfs als het in ieders belang is selectie te voorkomen – toch kunnen leiden tot een ontbinding van de verzekeringsmarkt. Stel je voor een situatie met veel goede risico's en een enkel slecht risico. Aids-patiënten zijn een typisch voorbeeld: het zijn er weinig, maar je weet bij voorbaat dat ze wel fors hogere kosten hebben om hun ziekte te bestrijden. Stel dat in aanvang iedereen gezamenlijk verzekerd is tegen een premie die de gemiddelde kostprijs dekt. Omdat er zo weinig aids-patiënten zijn, maken hun hoge kosten voor het gemiddelde weinig uit.

Een eerste verzekerde met een goed risicoprofiel gaat nu praten met de verzekeraar. Hij beweert dat hij een goed risico is, maar dat kan de verzekeraar niet checken. Deze klant wil dat echter bewijzen door een hoger eigen risico in zijn verzekeringspolis op te nemen. Dat is voor slechte risico's niet aantrekkelijk, omdat zij zulke hoge schades hebben. Alleen al het feit dat hij bereid is een eigen risico te nemen is dus voldoende bewijs voor zijn gunstige risicoprofiel.

Maar doordat die bewuste persoon uit de gemeenschappelijke verzekering stapt, moeten de premies voor de achterblijvers iets omhoog, omdat het draagvlak voor de extra kosten van de aids-patiënten afneemt. Dit heeft twee gevolgen. Ten eerste is de kans groot dat nu ook een tweede verzekerde uit de gemeenschappelijke verzekering wil stappen, met verdere premieverhogingen als gevolg. Ten tweede wordt de wereld ook voor de uitgestapte goede risico's minder aantrekkelijk. Doordat de gemeenschappelijke verzekering duurder is geworden, zullen ook slechte risico's willen overstappen. De goede risico's zullen dus meer hun best moeten doen om zich van de slechte risico's te kunnen onderscheiden. Dit betekent dat zij een hoger eigen risico voor lief moeten nemen. Met iedere nieuwe uitstapper wordt de aparte verzekering voor de goede risico's daarmee minder aantrekkelijk. Uiteindelijk kan de eerste uitstapper zelfs spijt krijgen. Hij was beter af met volledige solidariteit dan met schrale dekking die hij kan krijgen in een systeem waarin alle goede risico's inmiddels zijn uitgestapt. Dat geldt vooral als er slechts een kleine groep extreem slechte risico's is: als die extra kosten kunnen worden gespreid over de grote massa, merkt niemand er wat van. Maar als ieder individueel goed risico zich moet onderscheiden van de klanten die als slecht risico te boek staan – een groep die belang heeft zich als goed risico voor te doen – dan zijn ook de goede risico's slechter af.

In dit geval is er dus sprake van een dubbel extern effect van de uitstapbeslissing. Een uitstapper veronachtzaamt het negatieve externe effect van zijn beslissing op de premie voor de achterblijvers in de gemeenschappelijke verzekering. Hij veronachtzaamt echter ook het negatieve externe effect op degenen die eerder zijn uitgestapt. Die eerdere uitstappers moeten zich meer moeite getroosten om zich te kunnen onderscheiden van de slechte risico's, omdat de gemeenschappelijke regeling minder aantrekkelijk wordt.

Zeker bij grotere groepen is het duidelijk dat deze externaliteiten niet kunnen worden opgelost met aanvullende markttransacties. Ieder individueel persoon met een goed risicoprofiel heeft de verleiding uit te stappen. Alleen collectieve dwang biedt hier uitkomst. Dit kan via een collectieve regeling, bijvoorbeeld een werkloosheidsverzekering of pensioenregeling. Daar zien we een simpel 'one-size-fits-all'-beleid: uitstappen wordt simpelweg verboden. Solidariteit van goede met slechte risico's wordt met de wet in de hand afgedwongen.

Een verplichte collectieve regeling is als een wettelijk monopolie. Er is één verzekeraar, met uniforme polisvoorwaarden en een uniforme premiestelling. Die vorm kent een tweetal nadelen. Allereerst staat zo'n monopolie altijd onder de druk van internationale migratie en de krachten die het 'stemmen met de voeten' oproept. Iedere verplichte collectieve regeling trekt slechte risico's aan en stoot goede risico's af. Zo ook Nederland. Ons toptalent emigreert naar de Verenigde Staten, Australië en Nieuw-Zeeland en uit Marokko, Turkije, de Antillen en tal van andere plaatsen stromen de slechte risico's binnen. Verplichte collectieve regelingen moeten hun doelgroep dus te vuur en te zwaard beschermen, tegen zowel ongewenste in- als ongewenste uittreding. Een tweede probleem is het wettelijk monopolie zelf. Dat leidt tot de complicaties zoals besproken in de voorgaande paragraaf. Ook wordt het moeilijker de uitvoerder te disciplineren en te besturen, omdat de informatie genererende en disciplinerende capaciteit van concurrentie tussen uitvoeders minder goed kan worden benut.

Historisch vormde de familieband, de dorpsgemeenschap of het stamverband de basis voor een dergelijk verzekeringscollectief. Binnen de familie, het dorp of de stam bestonden vormen van verplichte solidariteit. In zijn boek *The Economics of Justice* (1981) beschrijft Richard Posner de gevolgen van dit systeem. Lief en leed en vooral voor- en tegenspoed werden gedeeld. Die solidariteit was niet vrijblijvend, maar werd met harde hand afgedwongen. Wie weigerde bij te dragen aan deze solidariteit, werd uit de groep gestoten en moest het dus voortaan zonder zekerheid stellen. Zonder dwang zouden de groepsleden immers alleen meedoen om bij tegenspoed hun hand op te houden. In tijden van voorspoed zouden zij de oogst graag buiten bereik van de rest van de groep willen houden. Om dat te voorkomen bestond er geen recht op privacy: alle arbeidsinspanningen stonden in het teken van het algemeen belang, met alle negatieve gevolgen van dien voor de prikkels om zich in te spannen en om nieuwe productie te ontwikkelen. Op die manier werd aan de onvermijdelijke problemen van risicoselectie het hoofd geboden. Tegelijkertijd leidde die verplichte collectieve verzekering echter onvermijdelijk tot inefficiëntie in maatschappelijke productie, omdat individuele prikkels werden prijsgegeven aan de verplichte deelname aan het collectief.

In Afrika bestaan zulke systemen tot op de dag van vandaag. Wie succes heeft is bijna gedwongen om de rest van de familie, het dorp en de stam daarin te laten delen. De lokroep van de miljoenensteden als Lagos en Nairobi ondergraaft echter de effectiviteit van de dwang. Juist daar is het succes te vinden, maar juist daar laten de vruchten van dat succes zich ook makkelijker verbergen voor begerige blikken van de stamgenoten. Hetzelfde proces dat zich nu in Afrika voltrekt, heeft zich een paar eeuwen eerder in Europa voorgedaan. De opkomst van het kapitalisme heeft de verplichte verzekeringsgemeenschappen van stam, dorp en familie een voor een kapotgeslagen. Het dorp kon niet langer concurreren tegen de ongekende mogelijkheden die te vinden waren in de grote stad. De verschrompeling van de solidariteit tussen generaties binnen familieverband in de tweede helft van de vorige eeuw is de laatste stap in dit proces. Het openbreken van deze knellende verbanden is waarschijnlijk de sleutel tot het enorme succes van het kapitalisme. Met die modernisering is de behoefte aan verzekering tegen tegenspoed echter vanzelfsprekend niet verdwenen. Deels voorziet de markt in deze behoefte, via het instituut van het verzekeringsbedrijf. Het verzekeringsbedrijf is echter niet immuun voor het probleem van risicoselectie. Waar verzekeringsmarkten niet in de behoefte aan verzekering konden voorzien, heeft de natiestaat als een nieuw collectief verband de rol van stam, dorp en familie overgenomen.

Botsing van belangen in het voorkomen van risicoselectie

In de praktijk lopen de belangen van verzekerden meestal niet parallel. Als er veel slechte risico's zijn, dan hebben de goede risico's er belang bij zich van de slechte risico's te kunnen onderscheiden. De kosten van dat onderscheid worden ruimschoots goedgemaakt door de premieopslag vanwege de solidariteit met de slechte risico's. Een typisch voorbeeld is de WAO. De premies voor deze regeling zijn hoog en toch weten grote groepen dat de kans dat zij van die regeling gebruik zullen maken zeer gering is. De impliciete kruissubsidie jaagt goede risico's op kosten. De goede risico's willen daar dus om begrijpelijke redenen vanaf, de slechte risico's willen die subsidie om even begrijpelijke redenen dus graag behouden.

Het al of niet voorkomen van risicoselectie is hier dus een politieke kwestie. Goede en slechte risico's hebben uiteenlopende belangen, het hangt er maar net vanaf wie zijn zin krijgt. Nu is het in een democratie meestal zo dat er op grote schaal inkomen wordt herverdeeld, meestal van rijk naar arm. De reden daarvoor is simpel: met het geld van één rijke kunnen vele armen gelukkig worden gemaakt en de macht van het getal telt in een democratie. Die herverdeling gebeurt via allerlei kanalen, zoals belastingen, bijstandsuitkeringen of subsidies voor sociale woningbouw. Al die vormen van herverdeling hebben echter als gemeenschappelijk kenmerk dat ze veelal ten koste gaan van de efficiëntie. Neem bijvoorbeeld de inkomstenbelasting: door arbeidsinkomen te belasten houden werkenden minder over en dus zullen ze de neiging hebben om minder te gaan werken. De werkenden houden daarbij geen rekening met het externe effect van hun beslissing voor de overheidsboekhouding: door minder te werken wordt minder belasting geïnd. Meestal zijn efficiëntie en herverdeling dus elkaars tegenpolen.

Zo niet bij risicoselectie. Door iedereen verplicht volgens dezelfde voorwaarden te verzekeren, kunnen de goede risico's zich de kosten besparen om zich als zodanig voor te doen. Het maakt voor de verzekeringspremie toch niet uit, die is immers bij wet voor iedereen gelijk. Zelfs als zij geloofwaardig kunnen laten zien dat zij een goed risico zijn, maakt dit voor hun premie nog niets uit. Een wettelijke regeling slaat dus twee vliegen in één klap: deze herverdeelt inkomen van goede naar slechte risico's en maakt de wereld efficiënter, omdat goede risico's zich de moeite van het zich onderscheiden van slechte risico's kunnen besparen. Een verplichte verzekering is dus een zeer efficiënte manier om inkomen te herverdelen van goede naar slechte risico's. En juist omdat een verplichte verzekering zo'n efficiënt middel voor herverdeling is, is de discussie over sociale zekerheid zo'n politiek beladen thema. Immers, inefficiënte herverdelingsinstrumenten kun je maar beter niet gebruiken, daar wordt iedereen het snel over eens. En dus concentreert de discussie zich op de sociale zekerheid. Deze belangentegenstellingen gaan echter niet alleen over het al dan niet hebben van sociale zekerheid. De tegenstellingen 'vervuilen' ook de discussie over de mate van *eigen risico*. Eigen risico's zijn het belangrijkste instrument tegen misbruik van sociale zekerheid, ofwel *moreel gevaar*: doordat iemand verzekerd is tegen schade, doet hij minder zijn best om schade te voorkomen. Om dergelijk 'misbruik' te voorkomen zou iedere verzekering een zekere mate van eigen risico moeten hebben. Als iedereen een actuarieel redelijke premie zou betalen, dan zouden goede en slechte risico's een vergelijkbaar niveau van eigen risico kiezen. Maar bij een wettelijk afgedwongen solidariteit van goede met slechte risico's zijn er grote meningsverschillen. Goede risico's willen graag een hoog eigen risico, niet alleen om het moreel gevaar in te dammen, maar ook omdat ze op die manier de kruissubsidies naar de slechte risico's kunnen beperken. Slechte risico's willen weinig weten van moreel gevaar. Zij willen een zo laag mogelijk eigen risico om maximaal te kunnen profiteren van de solidariteit van goede met slechte risico's. Vandaar dat de VVD altijd denkt dat moreel gevaar een geweldig probleem is, terwijl de PvdA daar liever niets van wil horen. Het verschil van inzicht laat zich naadloos terugvoeren tot een verschil van belangen.

Door dit soort belangentegenstellingen over een schijnbaar ondergeschikte kwestie kan risicoselectie eigenlijk alleen met grof geweld worden voorkomen. Zo is een simpele *acceptatieplicht* meestal onvoldoende om selectie tegen te gaan. Verzekeraars hebben tal van instrumenten om alsnog goede en slechte risico's van elkaar te scheiden, bijvoorbeeld door een hoger eigen risico, door een kleiner verzekeringspakket aan te bieden of door de voorziening dusdanig in te richten dat ze juist voor slechte risico's onaantrekkelijk zijn. Op die manier kan een verzekeraar zonder iemand te weigeren toch een aantrekkelijk klantenbestand krijgen, simpelweg omdat de verzekeringsvoorwaarden voor slechte risico's te onaantrekkelijk zijn. We stuiten hier op het dilemma van keuzevrijheid versus solidariteit: solidariteit kan alleen worden gerealiseerd als de keuzevrijheid aan banden wordt gelegd.

Op dezelfde manier hebben slechte risico's er geen belang bij dat de informatie over hun risicoklasse beschikbaar komt, bijvoorbeeld een aids-test of een gezondheidsonderzoek voor een levensverzekering. Zodra bekend wordt wie de goede en wie de slechte risico's zijn, is het nog moeilijker om risicoselectie te voorkomen. Vandaar dat er allerlei wetgeving is die verzekeraars verbiedt om naar dergelijke testen te vragen. Dit is ook een van de verklaringen voor het economische belang van privacy, met name op medisch gebied: mensen willen graag voorkomen dat heel hun hebben en houden bij hun verzekeraar of werkgever bekend is. Ook hier geldt: kennis is macht, en die macht willen we onze werkgever graag onthouden!

Toch is het vanuit maatschappelijk oogpunt te verkiezen dat die informatie wel boven tafel komt, zeker als dat tegen geringe extra kosten mogelijk is. De verzekeringsmarkt wordt dan weer efficiënt, omdat niemand kosten moet maken om zich als een goed risico voor te doen en iedereen naar eigen inzicht zijn verzekeringspolis kan inrichten. Die efficiencywinst gaat wel ten koste van de belangen van de slechte risico's, die het nu zonder de kruissubsidie van de goede risico's moeten stellen. Een aantrekkelijke optie is de informatie over risicoklasse van verzekerden te gebruiken om de slechte risico's te compenseren via een of andere uitkering ineens. De impliciete kruissubsidie van een gelijke premie voor alle risicoklassen wordt dan vervangen door een *expliciete kruissubsidie*.

Dergelijke systemen worden in de gezondheidszorg meer en meer toegepast. Over de premies voor particuliere ziektekostenpolis wordt een extra premie voor de Wet Toegang Ziektekostenverzekeringen (WTZ) geheven waaruit de polis voor slechte risico's wordt gesubsidieerd. Er wordt ook gewerkt aan een systeem waarbij ziektekostenverzekeraars elkaar compenseren voor het uiteenlopende risicoprofiel van hun verzekerdenbestand op basis het gezondheidsverleden van hun klanten. Verzekeraars weten daar immers alles van.

Zoals de discussies over de invoering van een nieuw ziektekostenstelsel met een vereveningssysteem ter compensatie van verschillen risico's weer heeft bewezen, wordt dit soort systemen met expliciete kruissubsidies toch vaak met argwaan bekeken. Dat lijkt vreemd, want iedereen is in een dergelijk systeem toch tevredengesteld? Bij nadere beschouwing is die argwaan echter zeer begrijpelijk. Het systeem vereist dat ieders risicoklasse bekend is. De slechte risico's geven daarmee kennis en macht uit handen. Weliswaar hebben zij dat gedaan onder de belofte dat de waarde van die kennis wordt gecompenseerd met expliciete kruissubsidies, maar wie zegt dat die belofte ook echt wordt nagekomen? Politici zijn niet altijd even betrouwbare zakenpartners.

Risicoselectie is in ieders belang

Risicoselectie kan ook in ieders belang zijn. Een duidelijk voorbeeld is de arbeidsmarkt, waar het adagium geldt 'de juiste man of vrouw op de juiste plaats'. Neem het geval van een bedrijf met 99 productiemedewerkers en één productiechef. Een goede productiechef moet slim zijn, voor een productiemedewerker maakt dat niet uit. Slimmeriken zijn schaars, dus de werkgever betaalt de productiechef drie keer zoveel als de rest van zijn werknemers. Helaas kan de werkgever niet goed onderscheiden wie slim is en wie niet. Individueel heeft iedere 'doorsnee' werknemer er nu belang bij om zich voor te doen als slimmerik, omdat hij dan kans maakt op het hoge salaris van de productiechef. Maar collectief hebben de werknemers belang bij een echte slimmerik als productiechef. Immers, daardoor wordt hun werk beter georganiseerd en neemt hun productiviteit toe, met als gevolg dat ook hun loon omhoog kan. Dat laatste is het cruciale verschil met verzekeringen: daar maakt wel of geen risicoselectie geen verschil voor de omvang van de koek, binnen een bedrijf is selectie van de juiste man voor de juiste baan juist de voorwaarde voor succes.

Iedereen heeft er in dit geval dus collectief belang bij dat die werkgever de 'doorsnee' van de slimme werknemers leert onderscheiden, maar individueel hebben de doorsneewerknemers er belang bij om hun beperkingen te verhullen. In een volledig gedecentraliseerd systeem is dus sprake van inefficiëntie. Wat is hier het extern effect? Het probleem is dat een doorsneewerknemer die besluit zijn gebrekkige talenten niet bekend te maken daarmee een negatief extern effect oplegt aan anderen: hun productiviteit en dus hun loon is lager, omdat de misplaatste productiechef de organisatie van het productieproces niet aankan. Is er hier sprake van een publiek belang dat de overheid middels dwang kan behartigen? Dat lijkt onwaarschijnlijk. Als de werkgever iemands talenten niet goed kan beoordelen, hoe zou de overheid dat dan moeten weten? En hoe zou de overheid iemand dan kunnen dwingen om zijn talenten te openbaren?

Overheidsdwang heeft hier dus weinig toegevoegde waarde. Staan we dan met lege handen? Gelukkig niet. Het marktmechanisme genereert zelf instituties die helpen om het kaf van het koren te scheiden, zoals het onderwijs. Wat een werkgever niet zo goed kan, kan de universiteit juist uitstekend. Er is geen betere manier om slimmeriken van doorsneewerknemers te onderscheiden dan iedereen een tentamen wiskunde te laten doen. Net zoals het nemen van een eigen risico de goede van de slechte risico's scheidt, zo scheidt het tentamen wiskunde de slimmeriken van de rest. Net zoals een slecht risico zich theoretisch best een eigen risico kan permitteren, zo kan een doorsneewerknemer met veel inspanning vast zijn wiskundetentamen halen. Maar de kosten van eigen risico of het leren van een wiskundetentamen zijn voor een goed risico of een slimmerik veel lager. In die wedloop haken de slechte risico's en de doorsneewerknemers vroeg of laat af. Behalve dat het onderwijs mensen nieuwe kennis en talenten bijbrengt, heeft het onderwijs dus nog een andere belangrijke rol: het onderscheidt mensen naar hun capaciteiten.

Er is in dit geval dus geen directe rol voor de overheid weggelegd: selectie is in ieders belang en we hebben eerder gezien dat het marktmechanisme er dan als vanzelf voor zorgt dat die selectie ook totstandkomt, vaak tegen wil en dank. Toch is deze casus vanuit politiek oogpunt wel relevant. In de praktijk weten we vaak niet zeker of iedereen belang heeft bij selectie of dat de belangen van slimme en doorsneemensen toch tegengesteld zijn, zoals die van goede en slechte risico's in ziektekostenverzekeringen. Moet iedereen gelijke toegang hebben tot de universiteit of moeten we aparte 'honours'-klasjes maken voor de bollebozen? Is selectie aan de poort wenselijk of leidt een dergelijke selectie slechts tot een verdere vergroting van de maatschappelijk ongelijkheid? Moet er in Amsterdam een extra categoriaal gymnasium komen om de slimste kinderen de kans te geven zich optimaal te ontplooien of haalt dat de kwaliteit van de scholengemeenschappen omlaag? De geest van de middenschool waart rond in deze discussies. Dat de PvdA sinds kort ook voorstander is van selectie op de universiteit suggereert dat de opvattingen aan het schuiven zijn. De overtuiging is gegroeid dat selectie in ieders belang is. De gedachte dat het maskeren van verschillen in talenten de minst getalenteerden ten goede komt, komen we steeds minder tegen.

2.4 Grenzen aan keuzevrijheid

[T]he problem of rational economic order is determined precisely by the fact that the knowledge of the circumstances of which we must make use never exists in concentrated or integrated form, but solely as the dispersed bits of incomplete and frequently contradictory knowledge which all the separate individuals possess. [...] The problem is thus in no way solved if we can show that all the facts, if they were known to a single mind (as we hypothetically assume them to be given to the observing economist) would uniquely determine the solution; instead, we must show how a solution is produced by the interactions of people, each of whom possesses only partial knowledge.

Friedrich Hayek (1945)

Anarchie staat voor de afwezigheid van enige vorm van overheidsgezag, dat uit naam van ons allen kan ingrijpen. Anarchie staat dus voor een volledige decentralisatie van besluitvorming: iedereen beslist geheel zelf wat hem te doen staat, naar we mogen vrezen zonder zich veel aan de belangen van anderen gelegen te laten liggen. Dat leidt tot externe effecten die de besluitvormers op het laagste niveau 'ten onrechte' niet in hun afweging betrekken en dus tot inefficiëntie omdat de belangen van anderen onvoldoende worden meegewogen in de besluitvorming. Sommige van die externe effecten zijn nauwelijks door overheidsdwang te verhelpen. Bijvoorbeeld, waar partijen ongelijk geïnformeerd zijn, daar treden vaak efficiëntieverliezen op. De overheid is meestal echter evenmin bij machte om die informatie boven tafel te krijgen. In die gevallen zullen we ermee moeten leven dat de optimale uitkomst onbereikbaar blijft.

In andere gevallen kunnen de efficiëntieverliezen wel ongedaan gemaakt worden, maar alleen tegen hoge kosten. Zo kan het efficiëntieverlies van monopoliemacht met subsidies worden weggenomen. Maar die subsidies kosten de overheid veel geld en dat geld zal elders via belastingheffing moeten worden geïnd. Ook die belastingheffing gaat onvermijdelijk gepaard met efficiëntieverliezen.

Er zijn echter ook gevallen waarin overheidsdwang wel degelijk zaken ten goede kan keren. Bij het bewaken van de veiligheid kan een wapenwedloop de individuele burgers op hoge kosten jagen. Iedereen koopt dan een revolver omdat anderen er ook een hebben. Het geweldsmonopolie van de overheid leidt tot een besparing van deze kosten. En bovendien, als iemand de veiligheid van Nederland bedreigt, dan wil menige burger liever niet zelf de verdediging op zich nemen, maar is de heersende opvatting dat de samenleving als geheel zich tegen de bedreiging teweerstelt, door het geweldsmonopolie van de overheid ook actief te gebruiken. Bij collectieve goederen zullen individuele burgers hun bijdrage in de kosten trachten te ontlopen. De overheid kan die contributie dan bindend opleggen. Of neem het geval van hoge potentiële monopoliewinsten waardoor te veel mededingers zich op de markt begeven. De overheid kan in dat geval een aantal mededingers de toegang tot de markt ontzeggen. Burgers willen ook dat er beperkingen zijn aan de mate waarin risico's worden geselecteerd, omdat de slechte risico's willen profiteren van de solidariteit van de goede risico's of omdat de goede risico's willen voorkomen dat er hoge kosten gemaakt moeten worden om zichzelf te differentiëren van de slechte risico's. Die burgers profiteren er dan van als de overheid een verplichte verzekering oplegt.

We hebben aldus de kosten van decentralisatie in beeld gebracht. De onzichtbare hand van de veilingmeester die alle partijen op een markt via de prijs tot overeenstemming brengt tast wel eens mis. Centralisatie van beslissingsmacht in handen van de overheid is het logische antwoord. Maar de eveneens logische vervolgvraag is waarom een samenleving dan niet een volledige centralisatie van alle macht in handen van de overheid nastreeft? Een soort centraal geleide planeconomie *avant la lettre*? Zo vanzelfsprekend is het niet. Net als decentralisatie is ook centralisatie van beslissingsmacht niet kosteloos.

HOOFDSTUK 3

Machthebber – tussen overmoed en onmacht

The centralized mindset is deeply entrenched. When people see patterns and structures, they instinctively assume centralized causes or centralized control. They often see leaders and seeds where none exist. When something happens, they assume that one individual must be responsible.

Mitchel Resnick in *Turtles, Termites, and Traffic Jams* (2000, p. 130)

The power to do good is also the power to do harm; and more important, what one man regards as good, another may regard as harm. The great tragedy of the drive to centralization [...] is that it is mostly led by men of good will who will be the first to rue its consequences.

Milton Friedman in *Capitalism and Freedom* (1962, p. 3)

Mitchel Resnick van MIT is een expert in zelforganiserende systemen. Hij is geïntrigeerd in hoe termieten hun enorme nesten bouwen of hoe op een snelweg plotseling, zonder duidelijke aanleiding, een file kan ontstaan, die zich vervolgens tegen de richting van het verkeer in over het asfalt beweegt. Hoe kan in werelden waar op microniveau iedere samenhang lijkt te ontbreken, op macroniveau dit soort systematische verschijnselen ontstaan? Wie is de architect van het termietennest? Welke centrale planner dirigeert de mieren over hun straat naar de dichtstbijzijnde voedselbron? En welke ongelukkige politieagent organiseert toch steeds die plotselinge verkeersopstoppingen? Resnicks antwoord is uiteindelijk simpel: dat centraal sturende gezag bestaat niet. Al deze macro-uitkomsten komen spontaan tot stand, zonder dat daar van bovenaf enige sturing voor nodig is.

Resnick kwam tot die ontdekking niet alleen bij het observeren van de werkelijkheid, maar ook in het simuleren van dergelijke systemen in de klas. Hij liet middelbare scholieren en zijn studenten soortgelijke problemen oplossen: hoe kan een bepaalde macrostructuur worden verklaard als een uitkomst van simpele interacties en gedragsregels op microniveau? Wat Resnick daarbij steeds opviel is wat hij de 'centralized mindset' is gaan noemen: zijn studenten hadden de onuitroeibare neiging om in hun oplossingen toch een of andere vorm van centrale sturing in te lassen, een architect, een mierenkoningin of een god die alle individuen stuurt in de realisatie van dat ene gemeenschappelijke concept.

Bij de inrichting van de samenleving wordt menigeen door diezelfde 'centralized mindset' geplaagd. Wij worden bij wijze van spreken geboren met de overtuiging dat alleen centrale sturing tot een evenwichtig resultaat op macroniveau kan leiden. Niet voor niets wordt marktwerking als ultieme vorm van decentralisatie geassocieerd met anarchie. In christen- en sociaal-democratische kringen is collectieve besluitvorming ook moreel verheven boven het najagen van het eigen belang. De burger, die participeert in de collectieve besluitvorming over de inrichting van onze samenleving, is een verhevener mens dan de consument, die kiest of hij vandaag biefstuk of rijst zal eten. Onderwijs als collectief goed is van een andere morele statuur dan een individuele investering in menselijk kapitaal. Dit hoofdstuk laat echter zien dat deze voorliefde voor centrale besluitvorming niet kosteloos is. Hoezeer complexe externe effecten ook vragen om de coördinatie van individueel gedrag en dus om de centralisatie van beslissingmacht, het prijskaartje van die centralisatie zou wel eens hoger kunnen zijn dan de verwachte opbrengst. Dit hoofdstuk zal ook laten zien hoe die morele waardering voor de gemeenschappelijkheid van collectieve besluitvorming heeft kunnen ontstaan en welke belangrijke functie zij vervult.

In het vorige hoofdstuk is een aantal situaties besproken waarin vrijwilligheid en het prijsmechanisme niet volstaan en een vorm van dwang een alternatief kan bieden om het publieke belang te dienen. Er zijn dus grenzen aan de decentralisatie van beslissingsmacht. Dit hoofdstuk behandelt de wedervraag: zijn er ook grenzen aan de centralisatie van beslissingsmacht? Of anders geformuleerd, marktfalen maakt politieke machtsuitoefening wenselijk, maar geldt het omgekeerde ook: bestaat er politiek falen dat decentralisatie wenselijk maakt? In deze tijden, waarin voetstoots wordt aangenomen dat het marktmechanisme de panacee is voor veel maatschappelijke kwalen, lijkt dit een louter retorische vraag. Toch blijkt een systematisch antwoord op deze vraag moeilijker dan op de vraag naar de grenzen van decentralisatie en vrijwillige ruil.

In essentie zijn er vier redenen waarom centralisatie van beslissingsmacht kostbaar is. De rechtstaat en het geweldsmonopolie waarop zij is gebaseerd, zijn een wapen tegen *berovingsproblemen*. De rechtstaat zorgt voor een heldere definitie van eigendomsrechten en betrouwbare juridische contracten, het geweldsmonopolie beschermt eigenaren en contractpartners tegen roof. Het eerste probleem dat de mogelijkheden voor de centralisatie van beslissingsmacht beperkt, is dat lang niet alle eigendomsrechten eenduidig kunnen worden gedefinieerd. Dit stelt grenzen aan de rechtstaat.

Ten tweede holt de toepassing van collectieve dwang de prikkels uit om de rechtstaat van adequate informatie te voorzien. Wie gedwongen wordt over zijn inkomen belasting te betalen, heeft een prikkel om dat inkomen geheim te houden voor de Belastingdienst. De overheid raakt aldus verzeild in een soort onderhandelingsrelatie met haar burgers en krijgt dus te maken met het *onderhandelingsprobleem* dat wij eerder in hoofdstuk 2 bespraken.

De derde reden dat centralisatie van beslissingsmacht aan grenzen gebonden is betreft het gebrek aan informatie over de manier waarop publieke taken worden uitgevoerd. Centralisatie van beslissingsmacht vereist onvermijdelijk ook weer dat het centrale gezag bevoegdheden delegeert naar mensen die ter zake kundig zijn. De minister van Onderwijs, Cultuur & Wetenschappen laat het onderwijzen over aan scholen, maar kan vervolgens maar met moeite zien hoe dat onderwijs wordt gegeven. Die delegatie van taken aan gespecialiseerde uitvoerders resulteert in allerlei problemen bij het aansturen van de opdrachtnemer door de opdrachtgever, omdat de opdrachtgever informatie ontbeert over hoe de opdrachtnemer zich van zijn taken kwijt. Hoe sterker de beslissingsmacht wordt gecentraliseerd in één hand, des te onvermijdelijker is vervolgens de delegatie van bevoegdheden. Het *delegatieprobleem* speelt daarom juist bij het behartigen van publieke belangen door de centrale overheid.

De vierde en laatste reden dat centralisatie van beslissingsmacht kostbaar is, is dat de politieke macht zelf oorzaak is van een berovingsprobleem. De politiek is zelf de beheerder van het geweldsmonopolie en er is daarom niemand die de politiek tot de orde kan roepen. Als beheerder van de zwaardmacht kan de overheid zich daarom nauwelijks geloofwaardig binden aan haar beloften jegens individuele burgers. De overheid worstelt daarom met een fundamenteel *geloofwaardigheidsprobleem*, omdat burgers rekening gaan houden met de mogelijkheid van beleidswijzigingen in de toekomst. Zij investeren bijvoorbeeld minder, uit angst dat de politiek de opbrengsten van die investeringen later wegbelast. Overmoed bij het behartigen van publieke belangen resulteert zo paradoxaal genoeg juist in onmacht.

Wij zullen deze factoren in het vervolg stuk voor stuk uitwerken. Iedere factor resulteert in een dilemma. Vanzelfsprekend zijn er tal van complexe externe effecten die vragen om toepassing van dwang via gecentraliseerde beslissingsmacht. Maar die centralisatie is niet kosteloos. En de verrassende conclusie van de analyse in dit hoofdstuk is dat dezelfde problemen die de decentralisatie van besluitvorming parten spelen – te weten berovings- en onderhandelingsproblemen – ook de centralisatie van beslissingsmacht tot een onaantrekkelijk alternatief maken. De inrichting van onze samenleving blijft dus een kwestie van geven en nemen, van het zeilen tussen Scylla en Charybdis. Een definitieve oplossing is er niet.

3.1 De zegen en vloek van de rechtstaat

A fair exchange is no robbery.

Engels gezegde, zestiende eeuw

Het beeld is bekend uit talrijke films en tv-series, van *The French Connection* tot de serie over de Italiaanse maffiafamilie 'The Sopranos'. De scène speelt zich af op een verlaten industrieterrein. Onder in beeld staat een man met een koffertje in zijn hand. De suggestie is duidelijk: in dat koffertje zitten duizenden dollars. Maar daarover heeft de kijker geen zekerheid. Naast de man staan twee bendeleden, schijnbaar ontspannen, maar in werkelijkheid stijf van de zenuwen. In de verte van het filmbeeld, aan de andere zijde van het terrein staat een geblindeerde limousine met geopende kofferbak, met ernaast een louche man. Ook hij wordt geflankeerd door enkele gewapende beschermers. Hij gebaart de man met het koffertje om de inhoud van zijn kofferbak te komen inspecteren. Wat zal het zijn: heroïne of waspoeder? De spanning bij de man met het koffertje is voelbaar: zal hij de oversteek wagen naar de limousine?

Ongetwijfeld kijkt niet iedere filmliefhebber met een economische bril naar dit soort films, maar wat we hier zien is een berovingsprobleem: het wederzijdse voordeel bij een geslaagde transactie is gigantisch en toch komt die maar met moeite tot stand. De één kan de heroïne via zijn netwerk van wederverkopers met forse winst afzetten in de naburige deelgemeenten, de ander kan van de koopsom gaan rentenieren. Toch zijn beide partijen terughoudend. Zij weten allebei dat ze zich op het moment suprême aan hun transactiepartner uitleveren. Zonder adequate tegenmaatregelen zal de ander er met de buit vandoor gaan, en een beroep op de rechter om de afgesproken koopsom op te eisen is er in dit geval niet bij. Beide transactiepartners zijn elkaars gijzelaars. De transactie komt niet of slechts met grote moeite tot stand vanwege de hoge transactiekosten die ermee gepaard gaan. De transactiepartners hebben moeite om zich te binden aan hun beloften: als ik betaal, lever jij dan de heroïne; of: als ik de heroïne lever, betaal jij dan?

Transacties vormen de kurk waarop het marktmechanisme drijft. Mensen verkopen dat waar een ander meer voor overheeft en zij kopen wat zij waardevoller vinden dan anderen. Het eindresultaat van al deze transacties is wat economen een efficiënte uitkomst noemen: niemand kan er meer op vooruitgaan zonder dat iemand anders er slechter van wordt. Een belangrijke voorwaarde voor deze uitkomst is dat beide partijen er zeker van zijn dat ze erop vooruitgaan en dat ze niet door de andere partij bedrogen worden. Als de een betaalt moet hij ervan op aan kunnen dat hij daar het beloofde goed voor terugkrijgt. Zonder deze zekerheden komen transacties slechts tot stand tegen hoge transactiekosten. Dat leidt op twee manieren tot efficiëntieverlies. Ten eerste zijn de transactiekosten zelf een vorm van verspilling. Ten tweede komen sommige transacties in het geheel niet tot stand wanneer het transactievoordeel kleiner is dan de transactiekosten.

Het berovingsprobleem speelt vooral bij transacties waarbij gelijk oversteken problematisch is. Veel transacties kennen namelijk een tijdsdimensie. Vandaag legt de aannemer een nieuwe keuken aan, morgen betaalt de klant daarvoor de rekening. Soms hebben de toekomstige verplichtingen die uit een transactie voortkomen een voorwaardelijk karakter, op gebeurtenissen die zich in de toekomst al dan niet zullen voordoen. Voor brandverzekering betaalt de verzekerde huiseigenaar premies. Mocht er onverhoopt morgen brand uitbreken, dan betaalt de verzekering daarvoor een schadevergoeding, maar alleen als er ook werkelijk brand is geweest. In feite gaat het ook hier om eigendomsrechten, in dit geval het *recht* op een toekomstige betaling, in het geval van de verzekeringsuitkering, een betaling die conditioneel is op een bepaalde gebeurtenis. In al die gevallen staan beide partijen voor een ingewikkelde vraag: hoe kunnen zij er zeker van zijn dat hun transactiepartner zijn toekomstige verplichtingen ook daadwerkelijk zal nakomen? En, hoe kunnen zij zichzelf geloofwaardig binden aan de belofte dat zij hun eigen toekomstige verplichtingen daadwerkelijk nakomen? Immers, zonder een dergelijke geloofwaardige binding zal de ander niet zomaar op het transactievoorstel ingaan, uit angst later bedrogen te worden. Geloofwaardige binding aan beloften is dus een wederzijds belang. Het biedt een oplossing voor het berovingsprobleem dat zich in alle vormen voordoet in de praktijk van alledag.

De zegen van de rechtstaat

In een rechtstaat biedt een *expliciet juridisch contract* een oplossing voor het berovingsprobleem. Het stelt private partijen in staat zichzelf geloofwaardig te binden aan hun beloften. Een dergelijk contract legt de rechten en plichten van de contractpartijen vast. De naleving van de contractuele afspraak wordt afgedwongen door de rechter. De beloftes van de contractpartijen worden geloofwaardig om de doodeenvoudige reden dat op het niet nakomen van de belofte een zware straf staat. De uitvoering van die straf kan worden afgedwongen met de hulp van het geweldsmonopolie van de overheid. Juridische contracten dwingen private partijen aldus rekening te houden met de belangen van de contractpartner.

Het juridische systeem met zijn wetten en het geweldsmonopolie van de staat om de handhaving van die wetten te garanderen, is niet van God gegeven. Het systeem is door mensenhanden geconstrueerd, met veel vallen en opstaan en in de loop van eeuwen, om te voorzien in het grootste publieke belang uit de historie van de mensheid: de beveiliging van bezit tegen roof en diefstal. Het systeem staat of valt echter met zijn geloofwaardigheid: een juridisch contract is waardeloos als het uiteindelijk niet blijkt te werken, als de rechterlijke macht uiteindelijk de schending van uitgewisselde eigendomsrechten niet kan, wil of durft te bestraffen. Juridische contracten maken dus geen einde aan de spelletjes die partijen spelen, zij veranderen slechts de regels van het spel. Het spel van private roof en diefstal wordt vervangen door het spel van publieke rechtshandhaving: welk eigendom wordt wel en welk wordt niet beschermd door het geweldsmonopolie van de overheid?

De vloek van de rechtstaat

Deze oplossing, het bezweren van het berovingsprobleem middels juridische contracten, kent echter grenzen. Laten wij de casus nemen van een werknemer, wiens naam uit privacyoverwegingen niet genoemd zal worden, die onaangenaam werd verrast toen hij op een morgen werd gevraagd bij zijn chef op kantoor te komen. Er ontspon zich een dispuut over zijn arbeidsprestaties. Die waren naar het oordeel van de chef ver beneden de maat. Hij zat vaak computerspelletjes te spelen en hij was bovendien nooit bereid om in te springen voor zijn collega's. Toen hij vorige week een spoedklus niet op tijd had afgerond, was de maat vol. Ontslag op staande voet was zijn deel. Dit besluit was voor de werknemer vanzelfsprekend volstrekt onredelijk. Al zijn voorgaande beoordelingen waren positief geweest, hij had een vaste aanstelling en onlangs nog een periodiek gekregen. Hij zou dit besluit voor de rechter aanvechten.

En zo stonden de werknemer en zijn chef een paar maanden later voor de rechter, die arbeidsconflicten in zijn portefeuille had. Juridisch gezien zijn dat vervelende zaken. Het patroon is steeds identiek. De chef beweert dat de medewerker er de kantjes vanaf heeft gelopen, de medewerker beweert het tegendeel. Een rechter heeft nauwelijks houvast om een oordeel te vellen. Vaak zit er niks anders op dan vragen naar het dossier: ondertekende beoordelingsformulieren en dergelijke. Die zijn er vrijwel nooit. Iedereen weet immers dat een negatieve beoordeling alleen maar dient als voorbode voor ontslag. Een betere manier om je medewerker te demotiveren is nauwelijks denkbaar. Geen wonder dat de chef in kwestie zich daartoe niet liet verleiden. Voor de rechter zit er echter niet veel anders op dan te concluderen: 'Geen dossier, geachte werkgever? Dan veroordeel ik u bij deze tot de maximale ontslagvergoeding.'

Het is voor een rechter vaak niet goed mogelijk om in een arbeidsrechtelijk geschil te bepalen wie zijn plichten heeft verzaakt. Vaak voeren rechters dan ook een louter procedurele toetsing uit. Er wordt gekeken 'of er een dossier ligt'. Het diepere probleem, dat informatie niet goed door buitenstaanders op zijn juistheid kan worden gecontroleerd, wordt met dergelijke procedurele waarborgen echter niet opgelost. De informatie is *niet-verifieerbaar*: de betrokkenen weten zelf hoe de vork in de steel zit, maar dat is niet voor derden controleerbaar. Juridische contracten kunnen dan niet op deze informatie worden gebaseerd, want als er achteraf een meningsverschil ontstaat over de naleving van het contract, kan de rechter immers niet nagaan welke van beide partijen in gebreke is gebleven.

Impliciete contracten als alternatief voor de rechtstaat

We stuiten hier op de grenzen van de rechtstaat. De droom van de jurist en de econoom – een samenleving waarin alle eigendomsrechten en afspraken over de ruil van deze rechten eenduidig zijn gedefinieerd, zodat via het transactiemechanisme een efficiënt resultaat kan worden behaald – valt in duigen. Eigendomsrechten kunnen moeilijk worden vastgesteld, omdat de noodzakelijke informatie niet of slechts tegen hoge kosten door derden verifieerbaar is. Niet-verifieerbare informatie kan weliswaar niet worden benut voor een expliciet, juridisch afdwingbaar contract, maar gelukkig wel voor een *impliciet contract*. Een voorbeeld maakt duidelijk hoe dat werkt.

Neem een schoonmaker die iemands huis op orde houdt. Hij moet zijn klus eerst afronden voordat de klant het werk kan beoordelen. Deze ongelijktijdigheid van prestatie en de beoordeling van het resultaat maakt het onmogelijk om gelijk over te steken. Ofwel er wordt eerst betaald en dan is de klant de *voorliggende partij*. Die loopt dan het risico dat de schoonmaker als *achterliggende partij* broddelwerk levert. Ofwel er wordt eerst gewerkt en dan loopt de schoonmaker als voorliggende partij het risico dat de klant niet wil betalen. In beide situaties voorziet de voorliggende partij het risico van het bedrog door de achterliggende partij. De kans is groot dat de partijen daardoor niet tot zaken komen. Wederzijds voordelige transacties komen zo niet tot stand.

In deze situatie kunnen impliciete contracten uitkomst bieden. Een dergelijk contract is niet gebaseerd op formeel vastgelegde en bij wet afdwingbare rechten en plichten. De contractpartijen hebben over die rechten en plichten echter wel gezamenlijke verwachtingen. Omdat de afspraak tussen de partijen niet door de rechter kan worden afgedwongen, moet het contract *zelfhandhavend* te zijn: het moet in het belang van de contractpartijen zijn zich aan het contract te houden zonder dat de rechter eraan te pas komt. De kern van een zelfhandhavend contract is de continuïteit van de relatie. De achterliggende partij voldoet aan zijn niet-verifieerbare verplichtingen, omdat hij het toekomstige surplus van zijn relatie met de voorliggende partij veilig wil stellen. Als de achterliggende partij namelijk niet aan zijn verplichtingen voldoet, zal de voorliggende partij de relatie verbreken.

Omdat impliciete contracten afhankelijk zijn van het verwachte toekomstige surplus, kunnen dergelijke contracten alleen werken in langdurige relaties. Transacties die wellicht vandaag winstgevend zijn maar onvoldoende toekomstig surplus genereren, komen daarom niet tot stand. De achterliggende partij anticipeert dat de voorliggende partij zich niet aan de ongeschreven afspraak zal houden, omdat de kortetermijnvoordelen van opportunistisch gedrag niet opwegen tegen het verlies aan toekomstig verlies aan surplus. Dit zijn dan ook de voornaamste transactiekosten van impliciete contracten, of omgekeerd, hier gaat de meerwaarde van de rechtstaat met zijn expliciete contracten schuil.

Gecalculeerd vertrouwen als grondslag voor reputaties

Er is bij impliciete contracten sprake van wederzijds calculerend vertrouwen: de voorliggende partij – bijvoorbeeld een autokoper – vertrouwt erop dat de achterliggende partij – de autodealer – zijn afspraken en garanties nakomt, omdat dit in het eigen belang van de autodealer is: hij komt zijn afspraken na, omdat hij ervan uitgaat dat de voorliggende partij de relatie zal voortzetten, zodat hij kan profiteren van de toekomstige opbrengst van de relatie. De *reputatie* van de contractpartners speelt daarom een grote rol. Iemand die zich één keer niet volgens de verwachtingen van het impliciete contract heeft gedragen en zijn afspraken niet is nagekomen, verliest zijn reputatie als een betrouwbare handelspartner. Met hem zal men geen zaken meer willen doen. Vandaar het gezegde: reputatie komt te voet en gaat te paard. Reputaties maken het mogelijk om ook los van langdurige relaties impliciete contracten af te sluiten. De achterliggende partij gaat dan af op de reputatie van de voorliggende partij. Deze laatste zal zich aan stilzwijgende afspraken houden, omdat hij daarmee zijn reputatie als betrouwbare partner beschermt, niet alleen ten opzichte van zijn huidige partner, maar ook ten opzichte van andere toekomstige handelspartners.

Reputaties zijn dus geld waard, veel geld. Heineken had daarom reden om zich te beklagen toen Youp van 't Hek in zijn oudejaarsconference de reputatie van Buckler te grabbel gooide. Dat geldt ook voor het geval waarbij een man Nutricia chanteerde door te dreigen een potje babyvoeding te vergiftigen. Als dergelijke affaires uit de hand lopen, kunnen ze grote invloed op hebben op de beurskoers van een bedrijf. Een groot deel van de beurswaarde van bedrijven is hun reputatie, de reputatie van Heineken als een chic biermerk, de reputatie van Nutricia als een producent van veilige babyvoeding. Vanwege zijn reputatie kan Nutricia babyvoeding aan de klant verkopen zonder dat daarvoor eerst een kostbaar juridisch contract hoeft te worden afgesloten. En juist omdat reputaties waardevol zijn, zijn bedrijven chantabel als die reputatie op het spel komt te staan.

Op het eerste gezicht heeft het misschien iets afstotelijks dat reputaties verhandelbaar zijn op de beurs. Het lijkt immers een valide redenering: een reputatie die te koop is, kan niet oprecht zijn. Toch komt de verhandelbaarheid van reputaties hun werking juist ten goede. Reputaties zijn immers gebaseerd op rationele calculatie: Nutricia zal niet op korte termijn zijn winst willen opschroeven door slechte babyvoeding te maken, want dit kortetermijngewin slaat de basis weg onder de winst op lange termijn. Vaak zie je dan ook dat mensen aan het einde van hun carrière hun reputatie gaan uitmelken – journalisten die voorlichter worden of 'serieuze' acteurs die in reclamefilms optreden – er is immers geen lange termijn meer, alleen de korte termijn telt nog. Door reputaties verhandelbaar te maken – via de beurs of door de overdracht van goodwill bij vrije beroepen als tandarts of notarissen – wordt dit probleem grotendeels opgelost. Wie binnenkort stopt, heeft er toch belang bij zijn reputatie te behouden, om haar later te kunnen verkopen.

Beroepscodes en interne motivatie als alternatief voor expliciete contracten

Soms is informatie weliswaar niet verifieerbaar voor ondeskundige outsiders, zoals de rechter, maar wel onder collega's. Een voorbeeld is de gezondheidszorg. Voor een rechter is het moeilijk de vinger te krijgen achter een eventuele fout van een dokter. Voor een collega is dat veel makkelijker. In die gevallen kan een beroepsvereniging zoals de Koninklijke Nederlandse Maatschappij voor de Geneeskunst (KNMG) als geschillencommissie optreden: collega's beoordelen elkaar. Het bezwaar van deze constructie is dat die collega's ook de neiging hebben elkaar de hand boven het hoofd te houden. Deze oplossing werkt daarom alleen als de reputatie van de professie als geheel in het geding is. De reputatie van een beroepsgroep is een publiek goed voor de professie als geheel. Een buitenstaander heeft wel een oordeel over de professie, maar ontbeert de deskundigheid om elke individuele professional te kunnen beoordelen. De beroepsgroep krijgt er dan belang bij om charlatans die met inferieure diensten de reputatie van de beroepsgroep schaden uit te stoten. Accountants hebben dit na de boekhoudschandalen bij Ahold door schade en schande ondervonden.

Beroepen met een grote specifieke professionaliteit, die bijgevolg sterk afhankelijk zijn van intercollegiale toetsing voor de controle op de kwaliteit van hun werk, kennen vaak ook een grote beroepstrots. De drang om hun werk goed te doen komt niet zozeer voort uit financiële prikkels maar uit *interne motivatie*: respect bij collega's, liefde voor het vak, betrokkenheid bij de patiënt en dat soort eerbare motieven. Wetenschappers zijn hiervan het voorbeeld *par excellence*. De professie heeft een heel circus van beoordeling van artikelen, congressen, tijdschriftranglijsten en eretitels opgetuigd om die interne motivatie levend te houden. Wie een dergelijk systeem van interne motivatie probeert te vervangen door financiële prikkels, spant het paard achter de wagen. Het opstellen van normen voor professioneel gedrag en de intercollegiale toetsing van die normen is immers van groot belang voor een beroepsgroep en voor de samenleving als geheel. Alleen op die manier kunnen wij vertrouwen op de deskundigheid van professionals met hun gespecialiseerde kennis. In een moderne economie is het onbegonnen werk om al die kennis zelf te willen toetsten of in contracten te willen vastleggen, en dat geldt evenzeer voor de overheid of de rechter. Een moderne samenleving stelt op die manier steeds nieuwe grenzen aan het bereik van de rechtstaat.

In de praktijk worstelt de overheid erg met haar rol in dit soort zaken. Veel van deze beroepsgroepen zijn historisch binnen de overheid ontstaan, zoals het onderwijs, de wetenschap en de gezondheidszorg. De overheid heeft van nature de neiging de kwaliteitscontrole in deze sectoren naar zich toe te willen trekken. Dat controlesysteem heeft dan vaak het karakter van een wettelijk monopolie: de dokter die door de KNMG wordt uitgestoten, moet een ander beroep zoeken. De overheid is voor die kwaliteitscontrole echter niet goed geëquipeerd. Net als de rechter mist ook zij de noodzakelijke deskundigheid. Noodgedwongen moet zij dan toch weer te rade bij diezelfde beroepsgroep. Andere beroepsgroepen weten echter buiten de overheid om een eigen systeem van beroepscodes en beroepsverenigingen op te stellen zonder wettelijk monopolie. Die aanpak heeft als voordeel dat er concurrentie tussen beroepsverenigingen mogelijk is: de vereniging die bij de consument de beste reputatie heeft, heeft de meeste toegevoegde waarde. Het valt te verwachten dat de overheid op dit terrein nog flink wat regeldrift zal moeten prijsgeven.

Tabel 3.1 Vertrouwen in beroepen, 2004

Beroepen	Percentage dat redelijk tot veel vertrouwen heeft in beroepsbeoefenaren volgens inwoners in:	
	Europa	**Nederland**
Brandweerlieden	95	97
Verpleegsters	88	94
Piloten	90	92
Dokters	83	90
Apothekers	89	87
Onderwijzers	76	85
Reisbureauagenten	40	66
Advocaten	47	59
Taxichauffeurs	53	50
Voetbaltrainers	30	30
Financiële adviseurs	30	27
Autoverkopers	21	27
Reclamebureaudirecteuren	21	19
Politici	10	19

Bron: www.rdglobaladvertising.com

Tabel 3.1 brengt op eenvoudige wijze in beeld welke beroepsbeoefenaren een zwakke en sterke reputatie hebben als handelspartner. Vooral beroepen met een sterke beroepserecode (brandweerlieden, dokters, onderwijzers) worden betrouwbaar geacht, terwijl mensen die werkzaam in de handelsberoepen (autoverkopers, reclamejongens) of beroepen waarin 'geschipperd' moet worden (advocaten, trainers) weinig vertrouwen genieten. Het gegeven dat handelaren niet in een goed daglicht staan is op zich ook niet zo vreemd, omdat de financiële prikkels om een koop af te sluiten, denk aan bijvoorbeeld autoverkopers of financieel adviseurs, zo sterk zijn dat gezond wantrouwen hier ook op zijn plaats is. Ten slotte is de laatste regel van de tabel opmerkelijk: er is geen beroepsgroep die minder vertrouwen heeft bij de burger dan politici. Wij komen daar later op terug.

Het dilemma van verificatiekosten versus rechtszekerheid

De complexe externe effecten waarmee berovingsproblemen gepaard gaan zijn dus aanleiding voor de overheid om eigendomsrechten te beschermen via een rechtstaat die de weg opent voor afdwingbare juridische contracten. Er is echter een probleem. Voor zover verificatie van alle benodigde informatie al mogelijk is, zijn de kosten daarvan vaak hoog. Accountants en advocaten sturen hoge rekeningen en ook het salaris van de rechter moet worden betaald. De overheid klaagt niet voor niks over de overbelasting van het juridische systeem. Zonder de mogelijkheid van een expliciet juridisch contract moeten contractpartijen echter terugvallen op impliciete contracten. Die contracten kunnen slechts functioneren als er voldoende langetermijnsurplus in de relatie verborgen zit. Transacties met een relatief klein surplus kunnen dus niet totstandkomen, wat leidt tot efficiëntieverlies. Er is dus sprake van een dilemma tussen verificatiekosten en verloren transacties. Als de verificatiekosten te hoog zijn, is het voor de maatschappelijke welvaart beter als de overheid met haar rechtsapparaat een stapje terug doet en partijen zelf een uitweg laat zoeken.

3.2 De machteloosheid van machthebbers

In de Verenigde Staten moet voor iedere verkoop van een vuurwapen een formulier worden ingevuld, Formulier F4473 van het ministerie van Financiën, Afdeling Alcohol, Tabak en Vuurwapens. Sectie A van het formulier stelt de koper van een vuurwapen de volgende vraag: 'Bent u op de vlucht voor justitie?' (uit: Peter en Hull, 1970). Ongetwijfeld waren veel kopers van vuurwapens voortvluchtig. Maar zou er ooit één koper zijn geweest die deze vraag met 'ja' heeft beantwoord? Formulier F4473 is een wel zeer kernachtige weergave van een probleem van machthebbers: wie als machthebber op eigen gezag wil spreken, blijft verstoken van informatie van de onderdanen, tenzij die er belang bij hebben de machthebber die informatie te geven. Vrijwillige privaatrechtelijke transacties op de markt hebben dus één belangrijk voordeel ten opzichte van de toepassing van *publiekrechtelijke dwang*: door al dan niet op een transactievoorstel in te gaan geeft een burger informatie prijs over zijn behoefte. Iemand die twee euro voor een brood betaalt, had daar blijkbaar *minimaal* twee euro voor over. In een centraal geregisseerde planeconomie, waarin iedereen een van hogerhand vastgesteld aantal broden krijgt toegewezen, komt dat soort informatie niet beschikbaar. Alleen de zwarte markt, waarop de broden achter de rug van de planner onvermijdelijk worden verhandeld, geeft de planner enig inzicht in de waardering van consumenten voor brood. Een particuliere transactie is gebaseerd op wederzijds voordeel. Dat gemeenschappelijke belang van de transactiepartners ontbreekt bij de toepassing van publiekrechtelijke dwang en daardoor ontbeert de politicus informatie over de voorkeuren en mogelijkheden van zijn kiezers of onderdanen.

Neem het voorbeeld van straatverlichting. Om de aanleg en het onderhoud van dit collectief goed te betalen heft de overheid belasting. Hoewel de kiezers er een gemeenschappelijk belang bij hebben dat die verlichting er komt, stellen zij zich ieder voor zich als uitvreter op: iedereen probeert die belasting te ontlopen. Zolang iedereen in precies dezelfde omstandigheden verkeert en dus evenveel belasting moet betalen, is het financieren van een collectief goed een overzichtelijk probleem. De belastingdienst kan simpelweg aanplakken wie wel en wie niet heeft betaald. Het collectieve belang bij straatverlichting zal dan vast leiden tot een collectieve verontwaardiging jegens de wanbetalers. In de praktijk zijn er echter tal van redenen waarom niet iedereen wordt verondersteld evenveel bij te dragen. De meest prozaïsche reden is misschien wel dat het moeilijk is om veren van een kale kip te plukken. Alleen al om die reden worden de meer welgestelden veelal zwaarder belast. Die differentiatie van belasting naar draagkracht maakt de taak van een belastingdienst echter veel zwaarder. Iedereen heeft er daardoor belang bij zijn draagkracht kleiner voor te stellen dan deze daadwerkelijk is, om zo minder belasting te hoeven betalen. Omdat de belastingdienst geen directe informatie heeft over de draagkracht, neemt hij het arbeidsinkomen van de belastingbetaler als benadering. Hoe hoger dus het belastingtarief, des te sterker is de prikkel voor de belastingbetaler om zijn arbeidsinkomen laag te houden – of laag voor te doen – met alle negatieve gevolgen van dien voor de efficiëntie van de economie.

Tot zover hebben we het louter gehad over de vraag wie voor straatverlichting moet betalen. Een soortgelijk probleem speelt echter bij de vraag wie ervan mag profiteren. Ook hier geldt dat het probleem overzichtelijk is zolang de belangen van iedere burger gelijk zijn. Hoewel straatverlichting als geheel een collectief goed is, lopen de belangen van burgers per lantaarnpaal toch uiteen. Iedereen wil vooral dat de straatverlichting in zijn eigen straat goed op orde is. In een normale klant-leverancierverhouding is daar een eenvoudige remedie voor. De klant die een betere lamp vraagt, moet daar meer voor betalen. Het evenwicht tussen betalingsbereidheid en kwaliteit is dan snel bepaald. Dat mechanisme van *quid pro quo* ontbreekt bij collectieve goederen. De belasting moet immers hoe dan ook worden betaald, de straatverlichting is dus gratis vanuit het oogpunt van de individuele burger. Je kunt je als burger dan maar beter assertief opstellen en zoveel mogelijke lantaarnpalen in je eigen straat voor dat belastinggeld proberen binnen te halen. Hetzelfde geldt voor de inning van de noodzakelijke belastingmiddelen. Ook daar kun je je maar beter assertief opstellen, om zo je belastingaanslag zo laag mogelijk te houden. Het heeft dan ook weinig zin om individuele burgers om hun oordeel te vragen over de belastingdienst. De slogan van de belastingdienst: 'Leuker kunnen we het niet maken, makkelijker wel!' geeft dat perfect weer. Niemand betaalt graag belasting, omdat er geen individuele tegenprestatie tegenover staat. Er is geen sprake van gelijk oversteken.

Dit probleem is precies wat bedoeld wordt met de overbelasting van de politiek: iedereen levert bij de politiek zijn verlanglijstjes in voor meer collectieve goederen in zijn eigen straat en voor meer aftrekposten in de belastingaanslag voor zijn eigen groep. De politiek is niet bij machte om die lijstjes te combineren tot één lijst die kan rekenen op algemene instemming of zelfs maar op instemming van een meerderheid, omdat ieder individu er altijd belang bij heeft om meer te vragen dan er specifiek aan hem of haar geboden wordt en om minder te bieden dan van hem of haar wordt gevraagd. Hetzelfde probleem doet zich voor bij verplichte collectieve verzekeringen, gebaseerd op solidariteit. Iedereen is verplicht verzekerd, dus iedereen zal zoveel mogelijk schade bij de verzekering willen onderbrengen en tegelijkertijd zo min mogelijk premie willen betalen. Omdat de band tussen premiebetaling en uitkering door de verplichte solidariteit is verbroken, krijgt de politiek louter claims voor minder premiebetaling en meer schade-uitkeringen.

Het probleem lijkt sterk op het *onderhandelingsprobleem* dat in het voorgaande hoofdstuk is besproken. Een monopolist kent de betalingsbereidheid van individuele klanten niet. Hij moet daarom voor lief nemen dat door zijn hoge monopolieprijs klanten met een relatief lage betalingsbereidheid afhaken. Zou hij die betalingsbereidheid wel kennen, dan zou hij iedere klant op maat kunnen bedienen met een op hem afgestemde prijs. De monopolist kan die betalingsbereidheid niet te weten komen door dat de klanten zelf te vragen, want dan zou iedereen claimen dat hij een lage betalingsbereidheid had, om zo in aanmerking te komen voor de lage prijs. Hetzelfde geldt voor de politicus die op basis van publieke dwang wil besturen. Het aanbieden van maatwerk in collectieve goederen om zo iedere burger naar eigen behoefte te kunnen voorzien, leidt ertoe dat iedereen het meest luxueuze pakket zal claimen.

Dilemma van solidariteit versus keuzevrijheid

Publiekrechtelijke dwang heeft als voordeel dat iedereen verplicht kan worden bij te dragen aan de organisatie van collectieve goederen en solidariteit tussen risicogroepen. Maar naarmate de voorkeuren en belangen van groepen burgers verder uiteenlopen, wordt het gemis aan informatie over de individuele preferenties voor de politicus die moet beslissen over de aard van die collectieve goederen een steeds groter probleem. Er is dus sprake van een dilemma tussen enerzijds gedwongen solidariteit en anderzijds keuzevrijheid en maatwerk voor iedere burger.

De voor de hand liggende oplossing voor dit probleem is om het profijtbeginsel te introduceren: burgers betalen zoveel als mogelijk naar rato van hun feitelijke gebruik van collectieve goederen. Op die manier krijgt de overheid zoveel mogelijk informatie over de betalingsbereidheid van individuele burgers en wordt bovendien het aandeel van de totale kosten dat via belastingheffing moet worden betaald zo klein mogelijk gehouden. Hoe lager de belastingen, des te minder wordt het economische proces verstoord. Soms is het echt niet mogelijk om het profijt van een collectief goed individueel toe te rekenen, zoals bijvoorbeeld bij defensie. In een aantal andere gevallen bieden technologische innovaties hiervoor echter nieuwe mogelijkheden. Vroeger waren wegen een puur collectief goed, omdat het verbruik niet kon worden toegerekend. Technische verbeteringen maken rekeningrijden echter steeds meer praktisch bruikbaar, waardoor de toerekening van het gebruik binnen bereik komt. Dat betekent vervolgens ook weer dat nieuwe wegen niet meer uit belastingmiddelen hoeven te worden gefinancierd, maar uit de opbrengst van rekeningrijden. De besluitvorming kan daarmee worden gedecentraliseerd.

3.3 Delegatie en verantwoordelijkheid

A realistic analysis of centralization must include a study of the allocation of decisions in the organization and the methods of influence that are employed by the higher levels to affect the decisions in the organization of the lower levels.

Herbert A. Simon (1946)

De overbelasting van de overheid door de gebrekkige informatie over de betalingsbereidheid en de behoefte van individuele burgers is echter niet het enige probleem van de centralisatie van beslissingsmacht. Centrale besluitvorming, of deze nu is in handen van politici of van raden van bestuur van grote ondernemingen, leidt onvermijdelijk ook tot een ander soort probleem: die tussen *opdrachtgevers* en *opdrachtnemers*. In een volledig gedecentraliseerde economie, waarin iedereen zelf verantwoordelijk is voor de uitvoering van besluiten die hij of zij genomen heeft, lopen de belangen van opdrachtgever en opdrachtnemer altijd parallel. Beiden zijn immers één en dezelfde persoon. Zodra de beslissingsmacht wordt gecentraliseerd, verlaten wij deze ideale wereld. Opdrachtgever en opdrachtnemer zijn niet langer één en dezelfde persoon. Het meest extreme probleem dat is verbonden aan de relatie tussen opdrachtgever en opdrachtnemer is *corruptie*. In een volledig gedecentraliseerde wereld, waar iedereen voor zichzelf beslist en iedereen zijn eigen baas is, zijn de mogelijkheden voor corruptie binnen organisaties minimaal. Maar zodra iemand de opdracht heeft gekregen om te beslissen uit naam van zijn opdrachtgever, ontstaat het gevaar dat hij zijn beslissingsmacht voor andere belangen aanwendt. Corruptie is echter slechts het meest extreme geval, waarover wij meteen een moreel oordeel vellen. We zullen zien dat er veel bredere klassen van opdrachtgever-opdrachtnemerproblemen bestaan, die zich niet meteen als wangedrag laten typeren, maar die wel de efficientie van het aanbod van collectieve voorzieningen ernstig kunnen aantasten.

Neem opnieuw de aanleg van straatverlichting als voorbeeld. De organisatie van deze collectieve voorziening vereist dat burgers de bevoegdheden tot machtsuitoefening delegeren aan een politicus, namelijk de macht om belasting te heffen en de macht om te beslissen hoe de lantaarnpalen over het land verdeeld worden. In een democratie is de burger als kiezer daarom de *opdrachtgever* van de politiek: 'Beste politicus, behartig ons publieke belang bij straatverlichting, je mag er zelfs belasting voor heffen.' Met die benoeming tot beheerder van het politieke machtsmonopolie wordt de politicus tegelijkertijd opdrachtgever van de individuele burger en wordt de burger dus *opdrachtnemer* van de politiek. Die dubbelrol van de burger – enerzijds kiezer-opdrachtgever, anderzijds ingezetene-opdrachtnemer – is analoog aan de dubbelrol van een verzekerde ten opzichte van zijn verzekeraar. Als premiebetaler is de verzekerde in zekere zin opdrachtgever aan de verzekeraar, als indiener van een schadeclaim is hij opdrachtnemer van de verzekeraar. Die dubbelrol gaat ten koste van de efficiëntie in de relatie. *Ex post*, na het sluiten van het verzekeringscontract, heeft de verzekerde alle belang zoveel mogelijk schade bij de verzekeraar te declareren. Omdat de verzekeraar die schadeclaims niet goed kan beoordelen, kan hij zich daar slecht tegen verweren. Hij weet niet precies welke schade wel en welke niet vergoed moet worden. Net zoals de politicus ontbeert hij de noodzakelijke informatie. Hij heeft daarom *ex ante* – voordat het verzekeringscontract wordt afgesloten – maar twee alternatieven: ofwel hij vermindert de toekomstige schade-uitkering door allerlei vormen van eigen risico en uitsluiting, ofwel hij verhoogt de premie. Beide alternatieven gaan tegen het belang van de verzekerde in. Zou de verzekerde zich *ex ante* kunnen binden aan zijn belofte om zich bij het claimen van schade redelijk op te stellen, dan zou hij een betere dekking of lagere premie kunnen krijgen. Zijn belofte om slechts redelijke claims in te dienen mist echter geloofwaardigheid.

In de politiek is het probleem vaak nog veel gecompliceerder. In een moderne economie is elk individu op de hoogte van slechts een deel van de beschikbare kennis. Dit noopt tot een vergaande *arbeidsdeling*, waarbij mensen vertrouwen op de expertise van specialisten, zoals accountants, medici, wetenschappers en managers. Dit geldt ook bij de aanbieding van collectieve goederen als straatverlichting. Politici organiseren dat niet zelf. Zij schakelen daarbij gespecialiseerde uitvoerders in. De keten van het opdrachtgeverschap voor een opdrachtnemer, die zelf weer het opdrachtgeverschap richting een volgende opdrachtnemer op zich neemt, wordt aldus langer en langer. Daarbij komt dat publiekrechtelijke dwang kostbare handhaving vereist om sociaal gewenst gedrag – bijvoorbeeld belasting betalen – te kunnen afdwingen. Dit verklaart waarom de overheidsbureaucratie, die burgers vaak moet dwingen tot bepaalde activiteiten, zo moeilijk is aan te sturen. De waardering voor de uitvoering door de directbetrokkenen – burgers – is immers geen goede maatstaf voor de bijdrage van de uitvoeringsorganisaties aan het publieke belang. Denk aan het eerdergenoemde adagium van de Belastingdienst. Het is daarom nuttig ons wat verder te verdiepen in de problemen van het opdrachtgeverschap.

Moreel gevaar: wie is verantwoordelijk?

Relaties tussen opdrachtgevers en opdrachtnemers staan altijd onder spanning. Enerzijds wil de opdrachtgever de opdrachtnemer graag volledig afrekenen op resultaat: hij betaalt de opdrachtnemer precies zoveel als een adequate uitvoering hem waard is. Het voordeel daarvan is dat de belangen van de opdrachtnemer en opdrachtgever parallel lopen. De opdrachtnemer heeft dan de optimale prikkel om zich in te spannen: hij maakt de juiste afweging tussen de kosten en opbrengsten van zijn inspanning. Zijn opbrengsten zijn immers gelijk aan die van de opdrachtgever. De uitkomst is in dat opzicht efficiënt.

Stel dat het resultaat niet alleen afhankelijk is van de inspanning van de opdrachtnemer, maar ook van allerlei toevallige factoren. De opdrachtnemer is dus niet geheel verantwoordelijk voor het resultaat. De opdrachtgever ziet alleen het resultaat en kan niet goed beoordelen of dat resultaat te danken of te wijten is aan de inspanning van de opdrachtgever of dat het louter het gevolg van toeval is. Door de beloning volledig afhankelijk te maken van het resultaat, draagt de opdrachtnemer het volledige risico voor de toevallige factoren waarvoor hij niet verantwoordelijk is. Als het buiten zijn schuld tegenzit, wordt hij daar toch volledig op afgerekend. Een 'risicoaverse' opdrachtnemer – en dat zijn de meeste – zit daar niet op te wachten. Het ligt daarom voor de hand dat opdrachtnemer en opdrachtgever een gulden middenweg zullen zoeken: de beloning voor de opdrachtnemer varieert bijvoorbeeld slechts voor de helft met het profijt van de opdrachtnemer. Voor de rest ligt die beloning bij voorbaat vast. Op die manier wordt de opdrachtnemer deels 'verzekerd' tegen het risico dat zijn resultaat tegenvalt door factoren waarvoor hij niet verantwoordelijk is. De opdrachtgever incasseert voor deze 'verzekering' een verzekeringspremie in de vorm van een lagere gemiddelde betaling aan de opdrachtnemer. De opdrachtnemer gaat met die lagere betaling akkoord, omdat hij liever een vast loon ontvangt dan een beloning die mede wordt bepaald door toevallige factoren die buiten zijn verantwoordelijkheid liggen. Voor beiden zit er dus wat in het vat: meer zekerheid voor de opdrachtnemer, een lagere gemiddelde betaling voor de opdrachtgever. Toch is het eindresultaat niet efficiënt. Omdat de opdrachtnemer geen volledige resultaatafhankelijke beloning krijgt, zal hij zich minder inspannen dan vanuit het gemeenschappelijke belang van opdrachtgever en opdrachtnemer optimaal is.

Dit is het probleem van *moreel gevaar*. Als een opdrachtnemer zich verzekerd weet tegen toevallige factoren die hij niet in de hand heeft, zal hij zich minder inspannen om de factoren te beïnvloeden die hij wel in de hand heeft. Dit probleem doet zich voor in elke opdrachtnemer-opdrachtgeverrelatie, waarin de opdrachtgever de toevallige factoren die buiten de verantwoordelijkheid van de opdrachtnemer liggen niet kan scheiden van de factoren waar de opdrachtnemer wel verantwoordelijk voor is. De problemen zijn analoog aan die tussen verzekeraar en verzekerde. Net zoals de verzekerde beter af zou zijn als hij zich *ex ante* zou kunnen committeren om alleen redelijke schadeclaims in te dienen, zo zou de opdrachtnemer beter af zijn als hij zich vooraf zou kunnen committeren om zich optimaal in te spannen, hoewel zijn beloning daar niet van afhankelijk is. Helaas geldt ook hier dat die belofte geloofwaardigheid mist.

Zoals altijd geldt dat inefficiëntie het gevolg moet zijn van een extern effect. Wat is in dit geval het externe effect? De opdrachtnemer houdt bij zijn inspanningen geen rekening met het deel van de opbrengsten dat bij de opdrachtgever blijft hangen. Alleen bij volledig resultaatafhankelijke beloning heeft de opdrachtgever geen belang bij de inspanning van de opdrachtnemer. Zoals gezegd, dat is weer niet aantrekkelijk, omdat de risicoaverse opdrachtgever dan het volledige risico draagt. Er is dus een dilemma van verzekeren versus prikkelen. Deze onvermijdelijke inefficiënties zijn een vorm van *transactiekosten*. De transactie tussen opdrachtgever en opdrachtnemer kan alleen totstandkomen als we bereid zijn deze transactiekosten voor lief te nemen.

Zijn er simpele aanvullende transacties denkbaar die deze inefficiëntie kunnen oplossen? Nee, want de enige partij die over de relevante informatie beschikt kan die informatie niet geloofwaardig voor het voetlicht brengen, simpelweg omdat hij belanghebbende is. Is er dan sprake van een publiek belang dat middels publiekrechtelijke dwang zou kunnen worden behartigd? Nee, want de politieke autoriteit beschikt evenmin over de relevante informatie. Er is geen sprake van uitvretersgedrag dat middels dwang kan worden ingedamd.

Meerdere hiërarchische lagen

Zoals gezegd kenmerkt politieke machtsuitoefening zich door een keten van opdrachtgever-opdrachtnemerrelaties. De opdrachtgevers, de burgers, kiezen politici als opdrachtnemers voor de behartiging van hun publieke belangen. De politiek doet vervolgens een beroep op vele specialisten. Evenzo wordt politieke machtsuitoefening in een democratie per definitie gekenmerkt door een meervoudig opdrachtgeverschap: de politicus disciplineert individuele uitvreters ten bate van het publieke belang, in naam van ons allen of in ieder geval in naam van een meerderheid onder ons. De behartiging van publieke belangen vraagt om gecentraliseerde, *collectieve* besluitvorming. Het woord 'collectief' geeft al aan dat daar meerdere opdrachtgevers bij betrokken zijn, veelal met uiteenlopende belangen. De overheid is er voor ons allemaal. In een democratie sturen meerdere opdrachtgevers de zwaardmacht aan: de kiezers kiezen als meervoudige opdrachtgevers de politici om namens hen het publieke belang te behartigen. Meerdere opdrachtgevers, meerdere hiërarchische lagen: beide fenomenen leiden tot een verdere verzwakking van de prikkels in vergelijking tot het eenvoudige opdrachtgever-opdrachtnemermodel, zie o.a. Dixit (2002). We zullen beide verschijnselen achtereenvolgens bespreken.

Meerdere lagen versterken de al eerder besproken problemen in opdrachtgever-opdrachtnemerrelaties. In een eenvoudige opdrachtgever-opdrachtnemerrelatie heeft de opdrachtgever de neiging de prikkel voor de opdrachtnemer te verzwakken, omdat hij goedkoper uit is door de opdrachtnemer een verzekering tegen risico's aan te bieden. Als er meerdere hiërarchische lagen zijn, heeft iedere volgende laag de neiging de prikkels verder te verzwakken. Immers, de opdrachtgevers in de tweede laag – het middenmanagement – hebben zelf al een beperkte prikkel gekregen om zich in te spannen, omdat zij liever niet volledig meedelen in de risico's van toevallige factoren. Maar omdat hun beloning maar gedeeltelijk afhangt van het resultaat, zullen zij in hun onderhandelingen met hun opdrachtnemers de neiging hebben die nog meer te verzekeren. Het resultaat maakt het middenmanagement toch niet veel uit, dus zij kunnen hun opdrachtnemers goedkoop verzekeren tegen de grillen van de markt. Het gevolg is dat de opdrachtnemers in de tweede laag nog zwakkere prikkels hebben dan wanneer er slechts één hiërarchische laag zou zijn. Dit is ook precies wat we in veel grote organisaties waarnemen: hoe lager in de hiërarchie, des te minder is de beloning afhankelijk van het resultaat.

Bureaucratieën kennen daarom meestal zeer zwakke prikkels. De oorzaak van deze inefficiëntie is opnieuw een extern effect. Bij de onderhandelingen met de werkvloer houdt het middenmanagement alleen rekening met zijn eigenbelang bij het eindresultaat. En doordat het middenmanagement zelf maar een gedeeltelijk resultaatafhankelijke beloning krijgt, weerspiegelt dat eigenbelang niet het volledige belang van de opdrachtgever.

Zijn er transacties denkbaar die dit externe effect kunnen internaliseren? Een eenvoudige oplossing is vanzelfsprekend om één laag uit de hiërarchie te halen, maar dat stuit op praktische problemen: de hoogste opdrachtgever heeft vaak de deskundigheid van zijn middenmanagement nodig om zijn resultaat te bereiken. Verder hangt het sterk af van de mogelijkheden van de hoogste baas om het beloningsbeleid te centraliseren. Stel dat hij het middenmanagement wel verantwoordelijk kan maken voor de aansturing van de werkvloer en de vaststelling van het resultaat, maar dat hij zelf kan bepalen hoe dat resultaat zich vertaalt in de beloning voor de werkvloer, dan is het probleem opgelost. Hij stelt de mate van resultaatafhankelijkheid voor de werkvloer zelf vast en zal dat doen op een hoger niveau dan het middenmanagement dat zou doen. In de praktijk is het echter lang niet altijd goed mogelijk om de aansturing van het beloningsbeleid te scheiden. Wanneer het middenmanagement verplicht wordt op de werkvloer een bepaald percentage als resultaatafhankelijke beloning uit te betalen, blijkt dat daarbij vaak de verdelende rechtvaardigheid wordt gehanteerd. Het ene jaar valt de één in de prijzen, het volgende jaar is de ander aan de beurt. Het is dus geen sinecure een scheiding aan te brengen tussen aansturings- en beloningsbeleid, omdat belonen informatie vereist die alleen tijdens het aansturen beschikbaar komt.

Meerdere opdrachtgevers

Laten we de aandacht nu richten op het geval dat meerdere opdrachtgevers één opdrachtnemer aansturen. Eén probleem is onmiddellijk voelbaar. Iedere opdrachtgever zal de neiging hebben om de opdrachtnemer zoveel mogelijk voor zichzelf te laten werken. Als de ene opdrachtgever de opdrachtnemer beloont voor lantaarnpalen in zijn straat, dan zal de andere opdrachtgever hem niet alleen een beloning geven voor het aanleggen van lantaarnpalen in zijn straat, hij zal de opdrachtnemer bovendien belonen om geen lantaarnpalen aan te leggen bij de eerste opdrachtgever. Immers, hoe minder tijd de opdrachtnemer daaraan besteedt, des te meer tijd blijft er voor zijn lantaarnpalen over.

Maar zelfs als het aanleggen van lantaarnpalen elders helemaal niet ten koste zou gaan van het aanleggen ervan hier, dan nog heeft de opdrachtgever de neiging om het aanleggen van lantaarnpalen bij anderen te ontmoedigen. De reden is simpel. In de afweging tussen verzekering en prikkels voor de aanleg bij lantaarnpalen elders, heeft de opdrachtgever geen enkel belang bij prikkels. Die lantaarnpalen elders zijn immers niet in zijn belang. De opdrachtnemer en de opdrachtgever hebben er dus gezamenlijk belang bij om de opdrachtnemer te verzekeren tegen het risico van de bouwkosten. De opdrachtnemer heeft er belang bij, omdat hij liever zekerheid heeft dan een risicovolle resultaatafhankelijke beloning. En de opdrachtgever omdat hij graag de verzekeringspremie incasseert die de risicoaverse opdrachtnemer voor die verzekering wil betalen. Het gevolg is dat alle opdrachtgevers gezamenlijk bezig zijn om elkaars prikkels verder af te zwakken. Hier is een analogie met meerdere verzekeraars die hetzelfde risico afdekken. Door het eigen risico van verzekeraar A af te dekken zorgt verzekeraar B ervoor dat de verzekerde minder voorzichtig wordt, waardoor de schadekans voor verzekeraar A toeneemt.

Ook hier is de inefficiëntie het gevolg van een extern effect: wanneer de ene opdrachtgever de opdrachtnemer verzekert tegen de risico's van de markt voor andere opdrachtgevers, houdt hij alleen rekening met de belangen van de opdrachtnemer, niet met die van andere opdrachtgevers. Zijn er transacties in de geest van Coase te bedenken die dit probleem kunnen oplossen? De eenvoudigste oplossing is coördinatie: de verschillende opdrachtgevers maken met elkaar strikte afspraken over een gemeenschappelijk beloningsbeleid. Daarmee worden alle externe effecten op simpele wijze geïnternaliseerd. Maar als de groep opdrachtgevers groot is, dan wordt het zeer aantrekkelijk voor één opdrachtgever om zich openlijk of onopgemerkt aan deze afspraak te onttrekken. Een andere mogelijkheid is dat de ene opdrachtgever zijn beloningsbeleid geheimhoudt voor de andere opdrachtgevers. Dat ontneemt die andere opdrachtgevers de mogelijkheid om jouw resultaatafhankelijke beloning ongedaan te maken. Toch is een dergelijke geheimhouding geen sinecure. De opdrachtnemer heeft er immers alle belang bij de geheimhouding richting andere opdrachtgevers te doorbreken.

Problemen tussen opdrachtgevers en opdrachtnemers in impliciete contracten

Naarmate de complexiteit van de relatie tussen opdrachtgever en opdrachtnemer toeneemt, worden de prikkels voor goed presteren dus steeds zwakker en nemen de efficiëntieverliezen toe. De verzwakking van prikkels voor expliciete contracten is ook van toepassing in impliciete contracten, zij het vanwege iets andere redenen.

Meerdere opdrachtgevers maken impliciete contracten kostbaarder, omdat het moeilijker is de opdrachtnemer te disciplineren. Als er slechts één opdrachtgever is, dan moet de opdrachtnemer goed op zijn tellen passen. Voldoet hij niet aan de verwachtingen van het impliciete contract, dan wordt hij aan de kant gezet en is hij brodeloos. Als er meerdere opdrachtgevers zijn, dan heeft de opdrachtnemer minder te vrezen. Als hij een klant verliest, blijven er altijd nog andere over. Potentiële opdrachtgevers zien dat aankomen. Zij zorgen er daarom voor dat de opdrachtnemer een belang heeft bij de instandhouding van de relatie. Hun enige dreigmiddel tegen de opdrachtnemer is echter dat zij hun eigen opdracht intrekken. Zolang alle andere opdrachtgevers gewoon doorgaan met het geven van opdrachten, is dat dreigement van beperkte waarde. Daarom kunnen zulke relaties alleen functioneren met een relatief groot surplus, omdat onder die omstandigheden het efficiëntieverlies relatief groot is. Dit verklaart waarom veel adviesbureaus niet toestaan dat hun adviseurs ook voor andere bureaus werken. Door alle opdrachten via één bureau te laten lopen, kan de adviseur zo effectief mogelijk gedisciplineerd worden. Dat efficiëntievoordeel is uiteindelijk ook in het belang van de adviseur, want zonder dat voordeel zou hij niet kunnen concurreren.

Meerdere hiërarchische lagen leiden tot soortgelijke problemen. Op ieder niveau is een surplus nodig om alle betrokkenen de normen van het impliciete contract na te laten leven. Hoe meer lagen, hoe groter dus het noodzakelijke surplus. Marginale transacties met een laag surplus worden dus opnieuw niet gerealiseerd, met alle gevolgen voor de efficiëntie van de relatie van dien. Niet voor niets pleit iedere moderne organisatieadviseur voor het beperken van het aantal hiërarchische lagen binnen een organisatie. Hoe minder lagen, hoe minder er aan de strijkstok blijft hangen.

Eenduidige aansturing van opdrachtnemers leidt dus tot meer efficiënte uitkomsten. Die basisregel geldt zowel voor impliciete als voor expliciete contracten. Naarmate het aantal opdrachtgevers toeneemt en naarmate een beslissing over meer schijven loopt, neemt de efficiëntie af. Uit de aard der zaak zijn er bij de overheid meerdere opdrachtgevers: dit mechanisme vormt opnieuw een reden waarom de behartiging van publieke belangen gepaard gaat met hoge transactiekosten.

De overheid als vergaarbak van problemen

Beide verschijnselen, meerdere lagen van opdrachtgever-opdrachtnemerrelaties en meerdere opdrachtnemers, doen zich juist bij de behartiging van publieke belangen zeer veel voor. Dit verklaart waarom de overheid het odium van inefficiëntie heeft. Per definitie heeft een democratische politicus zeer vele opdrachtnemers. Immers, hem wordt gevraagd uit naam van zijn electoraat via de toepassing van publiekrechtelijke dwang uitvretersgedrag van individuen te bestrijden. Wij beslissen collectief dat iets een publiek belang is en zijn daardoor uiteindelijk met z'n allen de opdrachtgever van degene die het publieke belang behartigt. Maar iedere kiezer ziet liever de splinter in het oog van de ander dan de balk in zijn eigen oog. Wij hebben allemaal de neiging om de prikkels voor de behartiging van de belangen van anderen weg te nemen. Bovendien wordt die ene politicus gevraagd om talloze, vaak zeer uiteenlopende publieke belangen te behartigen. Hij kan dat niet zonder de hulp van daarin gespecialiseerde experts. Bijna altijd leidt dat als vanzelf ook tot meerdere hiërarchische lagen: de kiezer kiest de politicus, die vervolgens voor ieder publiek belang een belangenbehartiger aanstelt, enzovoort, enzovoort. De politiek wordt dan een soort middenmanagement, dat staat tussen de uiteindelijke opdrachtgever, de burger als kiezer en de ambtenaren of de gespecialiseerde uitvoerder.

Een extra probleem bij de behartiging van publieke belangen is dat kiezers als opdrachtgever hun opdrachtnemers, de politici, moeten controleren. Behartigen politici de publieke belangen of vooral hun eigenbelang? De invloed van individuele burgers op de verkiezingsuitslag en het functioneren van de overheid is echter verwaarloosbaar. Burgers hebben dus weinig prikkels om zich serieus in de prestaties en de programma's van politici en hun partijen te verdiepen. Dat zie je ook in de praktijk: verkiezingsprogramma's blijven goeddeels ongelezen. Hier dreigt een nieuwe vorm van uitvretersgedrag. Kiezers vertrouwen vooral op de controle-inspanning van hun buren. Zij zijn niet snel geneigd om daar zelf energie aan te spenderen, zeker omdat kiezers als eigenaars van de overheid een heterogene groep vormen waarbij een grote groep van hen geneigd is om het adagium 'Ze doen maar in Den Haag' te onderschrijven.

De overheid is daarom bijna per definitie de vergaarbak van transacties die niet via concurrentie en privaatrechtelijke contracten totstandkomen. Het gaat om complexe externe effecten die alleen via publiekrechtelijke dwang, gecentraliseerde besluitvorming en ingewikkelde opdrachtgever-opdrachtnemerrelaties kunnen worden verholpen. Dit zijn transacties met uitzonderlijk hoge transactiekosten. Privaatrechtelijke instituties verzuimen niet voor niets de ontbrekende markten te creëren. Het behartigen van publieke belangen vergt coördinatie van vele activiteiten, maar die coördinatie gaat gepaard met ingewikkelde opdrachtgever-opdrachtnemerproblemen die de helderheid van de aansturing en de prikkels voor goed presteren ondergraven. De slechte reputatie van de overheid ten aanzien van efficiëntie vloeit dus voort uit de aard van de activiteiten die zij onderneemt. Vandaar de verzuchting van de econoom Prendergast (2003): 'It is true that the police may be less responsive to complaints than is a department store, but this is hardly comparing like to like.'

Een vergelijking met een beursgenoteerde onderneming

In dat opzicht lijkt de situatie bij de overheid wel enigszins op die van grote ter beurze genoteerde ondernemingen. In zijn baanbrekende artikel 'The Nature of the Firm' (1937) heeft Ronald Coase zich afgevraagd wat de bestaansgrond is van ondernemingen. Waarom bestaan er hiërarchisch georganiseerde bedrijven met centrale beslissingsbevoegdheid? Waarom worden niet alle transacties gedecentraliseerd afgehandeld via markten? Coases antwoord uit 1937 is een voorbode van zijn latere analyse van sociale kosten uit 1960: als transacties tussen partijen externe effecten hebben, dan kan dat externe effect via een aanvullende transactie met die derde partij worden geïnternaliseerd. Een onderneming is precies dat: het bij elkaar brengen van mensen in één organisatie van wie de activiteiten onderling sterk samenhangen en dus onderling veel externe effecten teweegbrengen. Binnen de onderneming worden die externe effecten geïnternaliseerd. Net zoals de politicus het publieke belang beschermt, zo beschermt de directeur het collectieve bedrijfsbelang, in een vennootschap in opdracht van de aandeelhouders. En net zoals een individuele kiezer erop hoopt dat andere kiezers het feitelijke gedrag van de politicus in de gaten houden, zo hoopt een individuele aandeelhouder dat zijn medeaandeelhouders erop toezien dat de directeur de zakken van de aandeelhouders vult en niet die van hemzelf. Ook beursgenoteerde ondernemingen worden geplaagd door opdrachtgever-opdrachtnemerproblemen. De raad van bestuur hoort de belangen van de aandeelhouders te behartigen. Die moeten echter maar afwachten of zij waar voor hun geld krijgen. De ervaringen met het Nederlandse bedrijf Baan, de energiegigant Enron en het supermarktbedrijf Ahold en de felle discussie over 'corporate governance' laten zien dat die behartiging van belangen allesbehalve vanzelf gaat. De 'corporate governance'-discussie en de opdrachtgever-opdrachtnemerproblemen bij de overheid zijn uiteindelijk beide het gevolg van de centralisatie van beslissingsmacht in een poging externe effecten te internaliseren.

Er is echter een belangrijk verschil tussen een vennootschap en een politieke gemeenschap. Waar in een politieke gemeenschap de belangen van diverse kiezers verschillend zijn, daar lopen de belangen van aandeelhouders in een vennootschap grotendeels parallel. Alle aandeelhouders hebben belang bij het vergroten van de aandeelhouderswaarde van het bedrijf. De parallel lopende belangen beperken de kosten van besluitvorming en maken het relatief eenvoudig om besluitvorming te delegeren, zoals we gezien hebben bij de aanleg van lantaarnpalen: als iedereen evenveel en dezelfde soort lantaarnpalen zou willen, dan zou de collectieve besluitvorming een stuk eenvoudiger zijn. Behalve dat de belangen van aandeelhouders veelal parallel lopen, is de waarde van de aandelen een goed meetbare, eenduidige maatstaf waarop het management kan worden afgerekend.

De overheid, daarentegen, heeft te maken met vele belanghebbenden met verschillende belangen. Dit resulteert niet alleen in hogere besluitvormingskosten, maar maakt het ook moeilijker de opdrachtnemers van de overheid verantwoordelijk te maken voor nauw omschreven, heldere doelstellingen. Politici dienen uiteindelijk meerdere broodheren, namelijk kiezers met uiteenlopende belangen. Politici slagen er niet altijd in deze belangen uit te wisselen en duurzaam op één lijn te krijgen. Dat maakt het moeilijker opdrachtnemers van de politiek goede prikkels te geven door ze verantwoordelijk te maken voor eenduidige, duidelijk geformuleerde doelstellingen.

Het dilemma van internalisatie versus aansturingsproblemen

Wanneer de overheid overweegt om een publiek belang te gaan behartigen, staat zij dus voor een dilemma. Enerzijds kan zij met behulp van publiekrechtelijke dwang afdwingen dat de relevante complexe externe effecten in de besluitvorming worden meegewogen: de straatverlichting voor uw deur komt er, omdat u er niet alleen zelf baat bij heeft, maar ook alle toevallige voorbijgangers. Anderzijds gaat de uitoefening van die dwang gepaard met omvangrijke transactiekosten. Eerst moeten wij het erover eens worden welke politicus in onze naam die dwang mag uitoefenen en vervolgens moet die politicus ambtenaren benoemen die deze publieke taak gaat uitvoeren. Al die stappen zijn kostbaar en bij iedere stap neemt het risico toe dat de uiteindelijk uitkomst niet is wat u als kiezer in eerste instantie had bedoeld. Er is dus een dilemma: het belang van de internalisering van de externe effecten enerzijds versus de kosten van de aansturing anderzijds.

Subsidiariteit

Al met al gaat het behartigen van publieke belangen door publiekrechtelijke dwang met hoge transactiekosten gepaard. Daarom kunnen publieke belangen het best worden behartigd op het laagst mogelijke niveau waarop de relevante externe effecten kunnen worden geïnternaliseerd. Het *subsidiariteitsbeginsel* minimaliseert de transactiekosten van politieke interventie. Als een stad een nieuw centraal winkelcentrum aanlegt waarvan alle bewoners profiteren, dan kan de besluitvorming daarover het beste in de gemeenteraad plaatsvinden. Alle externe effecten zijn dan geïnternaliseerd, het heeft geen zin om anderen daarover te laten meepraten. Hoe homogener de groep, hoe eenvoudiger het collectieve besluitvormingsproces. Denk aan het voorbeeld van de lantaarnpalen: naarmate de beslissing over de lantaarnpalen meer op straatniveau genomen kan worden, nemen de belangentegenstellingen binnen de groep over de plaats van de lantaarnpalen af.

Ook deze decentralisatie van beslissingsmacht werkt alleen als zowel kosten als baten worden gedecentraliseerd. Subsidiariteit moet dus niet alleen worden toegepast op de aanbodkant van collectieve voorzieningen, maar ook op de financieringskant. Een lokaal belastingbeleid, dat kiezers op lokaal niveau de mogelijkheid geeft een afweging te maken tussen de kosten en baten van collectieve goederen, is dus het sluitstuk van het subsidiariteitsbeginsel.

Behalve dat het de kring van beslissers beperkt tot de belanghebbenden, heeft subsidiariteit nog een ander belangrijk voordeel: kiezers kunnen stemmen met de voeten. Wanneer een bepaald publiek belang op lokaal niveau effectief kan worden geïnternaliseerd, worden de lokale politieke besturen behalve door democratische verkiezingen ook door onderlinge concurrentie gedisciplineerd. Burgers/kiezers gaan wonen in die gemeente waar het lokale bestuur de meeste waar voor hun belastinggeld biedt. Gemeenten die geld over de balk gooien verliezen zo burgers aan gemeenten met een effectief bestuur. Subsidiariteit gaat aldus over in *beleidsconcurrentie* tussen lokale politieke gemeenschappen, analoog aan de concurrentie tussen ondernemingen. Op die manier komt meer informatie boven water en kan machtsmisbruik worden bestreden. Wil dit mechanisme goed kunnen functioneren, dan is het wel nodig dat burgers vrij zijn in hun vestigingsplaatskeuze, net zoals aandeelhouders of werknemers (min of meer) vrij zijn in hun keuze voor deze of gene onderneming.

Subsidiariteit is met reden een actueel thema binnen de Europese Unie. Juist omdat de Europese bureaucratie slechts beperkt onder democratische controle staat, is subsidiariteit een belangrijk hulpmiddel om machtsmisbruik van de Brusselse bureaucratie aan banden te leggen.

3.4 Hoe betrouwbaar zijn politici?

Ik heb in de loop der jaren geleerd dat de politiek over onvoldoende zelfbeheersing beschikt om maatregelen te nemen die pas over vijftien jaar resultaat opleveren. Het is een prachtig idee, maar het werkt niet.

Oud-minister en -parlementariër Bert de Vries in *de Volkskrant*, 8 juli 2004

Always important is the political regime, which needs citizens who are in accord with its fundamental principle. Aristocracies want gentlemen, oligarchies men who respect and pursue money, and democracies lovers of equality.

Allan Bloom, *The Closing of the American Mind* (1987, p. 26)

In zijn boek *The History of Government* (1997) besteedt de historicus S.E. Finer uitgebreid aandacht aan het moment dat Mozes van de berg Sinaï afdaalde met de stenen tafelen in zijn hand. Volgens Finer voltrok zich hier een revolutie in de wereldgeschiedenis. Het gecodificeerde recht deed zijn intrede. De Egyptische farao's waren god, wetgever en machthebber tegelijk. Er was geen enkel beroep mogelijk op een instantie buiten de farao. Alle macht was bij hem geconcentreerd. De onderdanen van de farao waren dus bij uitstek slachtoffer van wat wij een berovingsprobleem zouden noemen. Iedere investering die een Egyptenaar deed kon door de farao worden onteigend, met de wet in de hand; de farao maakte immers zelf de wet. Private eigendomsrechten hadden slechts betrekkelijke waarde: op ieder gewenst moment kon de farao het eigendom opeisen. Maar niet alleen de onderdanen waren slachtoffer van dit berovingsprobleem, de farao zelf ook. Uit angst voor dit berovingsprobleem durfde geen van zijn onderdanen te investeren. De economie floreerde daarom minder dan anders mogelijk zou zijn geweest en dus was de belastingbasis kleiner.

De stenen tafelen van Mozes veranderden die situatie drastisch. Voor het eerst had het volk zelf toegang tot Gods wil, onafhankelijk van de koning. Een onderdaan kon zich met een beroep op de wet teweerstellen tegen de luimen van de politieke machthebber. Deze scheiding der machten bleek een tweesnijdend zwaard. Enerzijds verschafte zij de broodnodige bescherming van privé-eigendom tegen de koninklijke willekeur, anderzijds werd zij een bron van conflicten tussen de wereldlijke macht van de koning en de godsdienstige macht van farizeeërs. Dit thema, de scheiding tussen wetgevende en uitvoerende macht en de afbakeningsconflicten die daar onvermijdelijk uit voortvloeien, heeft zich sindsdien in steeds wisselende gedaanten in de menselijke geschiedenis herhaald.

Laten wij het probleem eens bekijken vanuit het eerder besproken probleem: de aanleg van lantaarnpalen. Wanneer er veel belanghebbenden zijn, dreigt uitvretersgedrag: één van de belanghebbenden ontloopt zijn bijdrage aan de straatverlichting, in de stille hoop dat die er ook zonder zijn bijdrage wel komt. Er is dan sprake van een publiek belang, dat de overheid kan behartigen door uitvreters tot betaling te dwingen. Vanuit dat gezichtspunt is een onbeperkte macht van de overheid wenselijk: het primaat van de politiek. Steeds wanneer zich een nieuw publiek belang aandient, kan de overheid haar macht gebruiken om dat belang middels dwang te behartigen. Het primaat van de politiek stelt de overheid dan in staat flexibel in te spelen op veranderende omstandigheden als het publieke belang daarom vraagt. Volgens deze gedachtegang moet de politiek alle interventiemacht aan zich houden. Deze centralisatie van macht bij de overheid staat in schril contrast met het 'onzichtbare hand'-principe, dat juist resulteert in een sterke decentralisatie van macht naar private partijen.

Tegenover het voordeel van het primaat van de politiek, dat zij flexibel kan reageren als zich nieuwe publieke belangen voordoen, staat dan ook een nadeel. Burgers vrezen voortdurend lastig gevallen te worden door politieke interventies. Zij vrezen slachtoffer te worden van een berovingsprobleem: de politiek dreigt aan de haal te gaan met de opbrengsten van hun investeringen, bijvoorbeeld door deze weg te belasten ten bate van de eigen politieke achterban of, erger nog, ten bate van de eigen portemonnee. In het licht van deze politieke onzekerheid schorten burgers hun investeringen op. Het politieke primaat doodt zo initiatief en creativiteit. De laatste regel van tabel 3.1 maakt duidelijk hoe wijdverbreid deze vrees is. Politici worden als het meest onbetrouwbare beroepsgroep beschouwd.

Dit probleem staat bekend als de *interventieparadox*. Op het eerste gezicht heeft een machthebber – bijvoorbeeld een politicus, maar evenzeer een ondernemer – er belang bij alle macht aan zich te houden. De machthebber kan immers later alsnog besluiten om beslissingsbevoegdheden te delegeren. Deze gedachte is echter onjuist, om de reden die hierboven is beschreven: uit angst voor het berovingsprobleem zullen zijn ondergeschikten niet investeren, waardoor uiteindelijk ook de machthebber slechter af is. De machthebber doet er daarom vaak verstandig aan om vooraf macht te delegeren. Weliswaar kan die machthebber zijn macht dan niet langer benutten om een groter deel van de koek op te eisen, maar tegelijkertijd verbeteren de prikkels van andere partijen om de koek te vergroten, omdat ze niet langer het risico lopen beroofd te worden. Die delegatie van bevoegdheden moet dan wel *geloofwaardig* zijn, de machthebber moet in staat zijn zich geloofwaardig te binden aan non-interventie. Als de delegatie niet geloofwaardig is, zullen ondergeschikten nog steeds niet willen investeren, uit angst dat de machthebber later op zijn belofte terugkomt.

Bij de interventieparadox lopen berovings- en onderhandelingsproblemen in elkaar over. Zoals we hebben gezien, ontbeert de overheid bij de organisatie van collectieve voorzieningen, zoals lantaarnpalen, vaak informatie over de betalingsbereidheid en de behoefte van individuele burgers. Dat dwingt de overheid om een deel van het surplus uit handen te geven aan individuele burgers, om hen zo te verleiden hun informatie prijs te geven. De belofte om dat surplus uit handen te geven moet dan echter wel geloofwaardig zijn. Als die belofte geloofwaardigheid mist, dan zullen die burgers hun informatie niet prijsgeven, omdat ze verwachten dat de overheid zijn belofte toch niet na zal komen.

Deze samenloop van berovings- en onderhandelingsproblemen speelt een grote rol wanneer een opdrachtgever een opdrachtnemer tot goede prestaties wil prikkelen. Ruime bevoegdheden voor de opdrachtgever ondergraven de effectiviteit van prikkels en beperken daarmee sturingsmogelijkheden. Opdrachtnemers vrezen dat de opdrachtgever de informatie die ze vandaag prijsgeven over hun productiviteit, morgen tegen hen zal gebruiken door dan een hogere productiviteit te vragen. Beloften van de opdrachtgever om dit niet te doen zijn nauwelijks geloofwaardig. De voormalige planeconomieën illustreerden dit probleem. Prikkels werkten niet omdat de almachtige staat zich niet geloofwaardig kon binden aan prestatieprikkels. Macht resulteerde uiteindelijk in onmacht. De planeconomieën zijn dan ook niet ten onder gegaan aan een overdosis sturing, maar aan een gebrek daaraan. De onwil om macht uit handen te geven uit angst dat werknemers zich de volledige productiewinst zouden toe-eigenen bewerkstelligde het omgekeerde effect. De overheid bleef met een verdorven werkmoraal zitten.

Maar ook overheden in markteconomieën worstelen met dit gebrek aan geloofwaardigheid van prikkels. Een voorbeeld is het fiscale beleid. Van iedere verdiende euro verdwijnt een groot deel in de zakken van de overheid. Sommige soorten arbeid kunnen die lasten makkelijk dragen, andere soorten worden echter uit de markt geprijsd. Dan is de verleiding groot om voor die verdwenen arbeid een apart, lager belastingtarief in rekening te brengen. Dat heet dan gesubsidieerde arbeid: additionele werkgelegenheid die boven op de al bestaande banen komen. Het probleem is echter dat werkgevers daarop reageren door bestaande werkgelegenheid af te breken en te herintroduceren als additioneel werk om zo te kunnen profiteren van de subsidieregeling. Gesubsidieerde arbeid wordt zo een sluipmoordenaar van reguliere banen.

In een democratie hebben vooral minderheden reden om te vrezen dat ze zullen worden bestolen door de meerderheid. De meerderheid kan immers de beheerders van het publieke geweldsmonopolie naar haar hand zetten. Vandaar dat politieke besluitvorming slecht functioneert in landen waar de bevolking verdeeld is langs etnische of taalkundige grenzen, zoals in Bosnië en België. Dergelijke heterogene landen zullen daarom meer waarde hechten aan het voorkomen van berovingsproblemen door het beperken van het primaat van de politiek, bijvoorbeeld door een federale structuur met vetomacht voor minderheden en regio's. Meer homogene landen, daarentegen, zullen eerder opteren voor het internaliseren van complexe externe effecten en daarom de centrale overheid ruime bevoegdheden verschaffen. Deze fundamentele afruil speelt een belangrijke rol in de huidige discussie over de grondwet van de Europese Unie. Aan de ene zijde staan degenen die de politieke macht van de Europese Commissie wensen te versterken met als argument dat hiermee uitvretersgedrag kan worden bestreden. Anderen zijn daarentegen bevreesd voor berovingsproblemen als gevolg van een sterke centrale politieke macht.

De interventieparadox doet zich voor op zowel politiek niveau als binnen een onderneming. Zowel de politicus als de directeur heeft er belang bij beslissingsbevoegdheid geloofwaardig te delegeren aan ondergeschikten. Voor politici is dat echter veel moeilijker dan voor ondernemers, vanwege een simpele reden: particuliere beslissers kunnen beslissingsmacht geloofwaardig overdragen door privaatrechtelijke contracten te sluiten. De beperking van macht is geloofwaardig, omdat een buitenstaander, de rechter, deze contracten kan afdwingen. Het geweldsmonopolie van de overheid verschaft het oordeel van de rechter geloofwaardigheid. Het privaatrechtelijke contract verandert daarmee effectief de regels van het spel.

De overheid ontbeert een dergelijke hogere instantie die als buitenstaander haar belofte kan afdwingen. De overheid is zelf de ultieme autoriteit, daarboven staat niets. Als beheerder van het geweldsmonopolie kan zij zich moeilijker binden. Als wetgever kan de politiek de gevolgen van privaatrechtelijke afspraken immers ongedaan maken met nieuwe publiekrechtelijke regels. De politiek is als beheerder van het geweldsmonopolie zelf weinig vatbaar voor de dreiging met geweld. Dit verklaart waarom de speltheoreticus Ken Binmore (1994, p. 34) schrijft:

> *To rely on policemen for the enforcement of the social contract is therefore to take too small a view. Policemen may enforce some of a society's activities, but the system as a whole must necessarily be self-policing.*

Het ontbreken van een bewaker boven de bewaker verklaart ook waarom sommige economieën maar niet de status-quo kunnen doorbreken. Waarom stapt Noord-Korea bijvoorbeeld niet over op een markteconomie, naar het model dat bij zijn zuiderbuur met zoveel succes is toegepast? Het nationaal inkomen in Zuid-Korea is na vijftig jaar markteconomie nu tienmaal zo hoog als in het noorden. Niemand kan nu dus meer twijfelen aan het succes van het markteconomische model. De overgang naar een markteconomie in Noord-Korea moet dus wel een verbetering zijn, zeker op wat langere termijn. Die overgang moet meer dan genoeg surplus opleveren om de huidige machthebbers voor hun machtsverlies te compenseren. Toch komt die omslag niet tot stand. Hoe komt dat? De econoom Daron Acemoglu (2003) heeft precies deze vraag gesteld en zijn verklaring is dat een dergelijke compensatie niet geloofwaardig is. Stel dat de huidige machthebbers vandaag macht uit handen geven, met als compensatie een eeuwigdurende vergoeding betaald uit de staatskas. Wie garandeert dan dat de nieuwe machthebbers die wettelijk vastgelegde compensatie niet gewoon weer ongedaan maken? De enige manier voor de machthebbers om in welstand te kunnen blijven leven is door hun huidige machtspositie te handhaven en het centraal geleide economisch systeem te laten doormodderen.

Het dilemma van zelfbinding versus flexibiliteit

De overheid kan de interventieparadox in theorie voorkomen door op het uur nul alle mogelijke toekomstige publieke belangen te voorzien, voor alle mogelijke eventualiteiten de gewenste interventies te bepalen, van nu tot aan het einde der tijden, en zich voor de rest vast te leggen op non-interventie. Burgers weten dan waaraan ze toe zijn en hoeven niet langer uit angst voor berovingsproblemen hun investeringen te beperken. Private eigendomsrechten zijn dan duidelijk gedefinieerd, begrensd door stabiele publiekrechtelijke wet- en regelgeving, maar niet bedreigd door de interventiezucht van politici. Zo'n vooruitziende blik is echter onmogelijk: het is ondoenlijk alle mogelijke situaties vooraf te voorzien. Wie had twintig jaar geleden de opkomst van mobiele telefonie, de cd-brander of het elektronisch betalen in al hun consequenties kunnen voorzien? Wie had kunnen voorzien dat de milieugebruiksruimte beperkt is en dat ook in dat veld eigendomsrechten gedefinieerd moeten worden? Informatie over de toekomst is noodzakelijkerwijs *incompleet.* Dit betekent dat de politiek onvermijdelijk ultieme interventiebevoegdheden aan zich zal willen houden. Als de nood aan de man komt, moet de politiek de mogelijkheid hebben om in te grijpen in private eigendomsrechten.

De onmogelijkheid om alle toekomstige externaliteiten en gewenste eigendomsrechten te voorzien resulteert in het dilemma van *binding versus flexibiliteit.* Enerzijds wil de politiek zich binden aan vaste regels om prikkels maximaal te laten functioneren en niet de verdenking op zich te laden de vruchten van inspanningen weg te zullen belasten. Anderzijds wenst ze flexibiliteit te behouden om het geweldsmonopolie naar believen en de wens van het moment in te zetten om het publieke belang goed te kunnen behartigen.

Het dilemma tussen binding en flexibiliteit is nauw gerelateerd aan de klassieke links-rechtstegenstelling. De interventiezucht onder 'oud' linkse politici kan men opvatten als de voorkeur voor een flexibele overheid die waar nodig kan ingrijpen om het publieke belang te verdedigen. Deze groep politici benadrukt het primaat van de politiek en de noodzaak om burgers te binden aan het belang van de gemeenschap. De overheid moet te allen tijde de mogelijkheid hebben om schadelijke externe effecten, 'de uitwassen van ongebreidelde marktwerking', te bestrijden. Rechts, daarentegen, is de beschermheer van particuliere eigendomsrechten tegen machtsmisbruik van de staat en het daarmee gepaard gaande overheidsfalen. Rechts is daarmee de advocaat van binding van overheidsinterventie aan strakke regels. De overheid moet zich beperkingen opleggen bij het kunnen binden van de individuele burgers aan de publieke belangen van de gemeenschap als geheel. Het programma van 'nieuw' links – de PvdA van Kok en Bos en de derde weg van Blair en Schröder – poogt de voorkeur voor gelijke kansen te realiseren met een overheid die haar interventies bindt aan vaste regels.

Oplossing 1: Scheiding der machten

Het gebrekkige vermogen van machthebbers om zich te binden aan hun beloften maakt Mozes' beklimming van de berg Sinaï tot zo'n belangrijk moment in de geschiedenis. Deze beklimming markeert het begin van een lange reeks institutionele innovaties om dit probleem op te lossen. De *rechtstaat* is een van de oudste instituties. De 'Rule of Law' is niet in de laatste plaats een bescherming van de burger tegen de willekeur van politici en een mogelijkheid voor politici om zich te binden aan beloften. Ook ten opzichte van de koning kan de burger zich immers beroepen op het recht. De *trias politica* van Montesquieu met een scheiding van wetgevende, uitvoerende en rechtsprekende macht is een verdere verfijning van dit idee. De mogelijkheden voor machtsmisbruik en het breken van beloften worden ingeperkt door de beheerders van het geweldsmonopolie te binden aan wetgeving en principes als *rechtsgelijkheid* en *rechtszekerheid* en de controle op naleving daarvan te delegeren aan onafhankelijke rechters. Rechtsgelijkheid beschermt minderheden tegen de discriminatie van de meerderheid. Wetgeving die op irrelevante gronden onderscheid maakt tussen groepen burgers is onwettig, bijvoorbeeld door Friezen zwaarder te belasten dan Groningers. Rechtszekerheid beschermt eigendomsrechten tegen de politieke waan van de dag. Als de politiek gisteren bepaalde eigendomsrechten heeft toegekend, dan mag ze dat vandaag niet zomaar ongedaan maken. Tot slot is politieke interventie gebonden aan de eis van *democratische legitimatie*. Het kiesrecht is een van grote sociale innovaties van de afgelopen eeuw. De politicus wordt bij verkiezingen gekozen. Daarmee is in ieder geval een meerderheid van de kiezers zo goed mogelijk beschermd tegen het berovingsprobleem.

Het landenvergelijkende onderzoek van de economen Torsten Persson en Guido Tabellini (2003) laat zien dat de vormgeving van de grondwet van een land grote invloed heeft op het functioneren van het politieke systeem. Grondwetten zoals die van de Verenigde Staten, met een separaat kiezersmandaat voor de uitvoerende macht (de president) en de wetgevende macht (het congres), blijken een veel betere scheiding der machten tot stand te brengen dan het Nederlandse parlementaire systeem, waarbij de regeringsmacht permanent het vertrouwensvotum van een meerderheid van het parlement vereist. De eis dat er vertrouwen moet zijn leidt ertoe dat regering en parlement bij elkaar op schoot kruipen, zodat de effectiviteit en vooral de onafhankelijkheid van de controle worden ondermijnd. De permanente klachten over het gebrek aan dualisme zijn dus weliswaar gegrond, maar tegelijkertijd ook moeilijk te verhelpen. De monistische praktijk van de Nederlandse politiek is niet *de jure* maar wel *de facto* verankerd in onze constitutie. Door uitvoerende en wetgevende macht te scheiden en door budgettaire en vakinhoudelijke verantwoordelijkheden te scheiden, zoals in de Verenigde Staten het geval is, hebben politici minder mogelijkheden om hun eigen agenda door te zetten. Dat leidt tot een kleinere collectieve sector met minder verspilling. Tegelijkertijd worden publieke belangen echter minder goed behartigd. In het dilemma van flexibiliteit en binding in de tijd doet de Amerikaanse grondwet vooral recht aan binding van de politiek bij het behartigen van publieke belangen en daarmee het voorkomen van beroving door de politiek. Bij het parlementaire systeem zoals wij dat kennen helt de balans meer over naar de internalisatie van externe effecten om aldus publieke belangen beter te kunnen behartigen. Binding aan de belangen van de gemeenschap staat daarmee voorop. Persson en Tabellini laten zien dat de verschillen in uitkomsten tussen beide typen constituties groot zijn. In parlementaire systemen is de collectieve sector gemiddeld genomen vijf procentpunten van het nationaal inkomen groter dan in presidentiële systemen. Een onafhankelijk mandaat voor de uitvoerende en de wetgevende macht heeft dus grote praktische gevolgen.

De ontwikkeling van de rechtstaat en de verdere juridisering van de samenleving hebben de definities van eigendomsrechten steeds verder verfijnd. Daarmee is het aantal mogelijke transacties enorm uitgebreid. Het beginsel van rechtszekerheid beschermt private eigendomsrechten en het beginsel van rechtsgelijkheid beschermt de individuele burger tegen chantage door een politicus. In Nederland kunnen burgers sinds 1977 bij de Raad van State in beroep gaan tegen beslissingen van de overheid. De Algemene Beginselen van Behoorlijk Bestuur dwingen de overheid haar beslissingen zorgvuldig te motiveren. Hoe zorgvuldiger de besluiten worden gemotiveerd, hoe voorspelbaarder het beleid wordt en des te geringer is de interventieparadox. In veel landen kunnen burgers de wetgeving laten toetsen aan de grondwet door een Constitutioneel Hof van Beroep. Het aanspreken van de huidige regering op de toezeggingen van voorgaande regeringen biedt de overheid een ander instrument om zich geloofwaardig te kunnen binden aan afspraken.

Het ongelimiteerde centrale gezag waarover de Egyptische farao's nog beschikten, is in de loop der tijden meer en meer aan banden gelegd. Er zijn steeds meer instituties ontwikkeld die het berovingsprobleem van politieke macht trachten in te dammen. Naarmate die instituties succesvoller zijn, is het vertrouwen ook weer toegenomen. Zo kon in het begin van de vorige eeuw, na de opkomst van democratie, geleidelijk de verzorgingsstaat ontstaan. Het overheidsoptreden was omgeven met zo veel 'checks and balances' dat de overheid bij de burgers voldoende vertrouwen genoot om tientallen procenten van hun gezamenlijk inkomen als socialezekerheidspremies ter beschikking te stellen aan dezelfde overheid. Het is dit vertrouwen, gebaseerd op die nieuwe instituties, dat de groei van de welvaartsstaat mogelijk heeft gemaakt.

Ad Geelhoed (1996) signaleerde in Nederland als een van de eersten de steeds verdere inperking van de discretionaire beslisruimte van de overheid. Deze trend lijkt nog niet voltooid. De opkomst van de Europese Unie markeert een nieuwe stap in deze ontwikkeling. De Nederlandse overheid wordt gebonden aan Europese wetgeving en Europese afspraken. De grote vraag blijft wel wie de Europese wetgever bindt. Dit verklaart het belang van de discussie over de Europese grondwet en de democratische legitimatie van Europa. Tegelijkertijd maakt de grote etnische en taalkundige heterogeniteit van Europa een vergaande centralisatie van gezag onmogelijk. Zolang Europa een centrale autoriteit met democratische legitimiteit ontbeert, blijft de bindende waarde van veel Europese afspraken nog beperkt. Dit blijkt bijvoorbeeld nu de grote landen de afspraken rondom het Stabiliteits- en Groeipact aan de laars lappen.

Oplossing 2: Privaat eigendom

Privatisering is een tweede instrument waarmee de overheid zich kan binden aan non-interventie. Bij de privatisering van een overheidsbedrijf worden eigendomsrechten overgedragen aan private partijen. Daarmee bindt de politiek zich om niet in de beslissingen van private partijen te zullen interveniëren. Aldus kan de kennis en kunde van die private partijen worden benut om dat bedrijf zo efficiënt mogelijk te organiseren. Die partijen stellen die kennis echter alleen ter beschikking omdat ze de winst van het geprivatiseerde bedrijf mogen behouden. Door het bedrijf te privatiseren geeft de overheid haar bevoegdheid uit handen om achteraf de winst af te romen. Vandaar dat privatiseringsoperaties veelal niet erg populair zijn. Op de korte termijn is er vaak politieke druk om die winsten wel af romen ten behoeve van andere publieke belangen. En juist door privatisering wordt die verleiding in toom gehouden. Pas op langere termijn krijgen de voordelen van een efficiëntere organisatie van het bedrijf de overhand. De kost gaat bij privatisering voor de baat uit.

De betekenis van privaat eigendom en privatisering is echter niet eenduidig. De grondwet die de Verenigde Staten van Amerika in 1787 in de Philadelphia opstelden bleek in de loop van negentiende eeuw een groot succes. De Verenigde Staten groeiden in korte tijd uit tot een welvarende natie. Er was sprake van een ver doorgevoerde scheiding der machten, zowel tussen regionale en federale overheid als tussen Montesquieus wetgevende, uitvoerende en rechtsprekende macht. De strikte grenzen die de grondwet stelde aan de bevoegdheden van de federale overheid boden een bescherming tegen berovingsproblemen en waren aldus een bron van economische groei. Het lag dus voor de hand dat veel Zuid-Amerikaanse landen een grondwet zouden aanvaarden die sterk leek op die van de Verenigde Staten. Toch kenden geen van deze landen dezelfde hoge groeicijfers als de Verenigde Staten. Waar de grondwet in de Verenigde Staten een effectieve rem zette op overheidsinterventie, daar functioneerde diezelfde grondwet niet in Zuid-Amerika. De formele verdeling van bevoegdheden is blijkbaar niet het enige dat telt. Tradities en gewoonten bepalen hoe die bevoegdheden worden ingevuld en die feitelijke invulling is blijkbaar van groter gewicht dan de formele regels. Hoe kan dat worden verklaard?

De uitkomsten zijn afhankelijk van het verleden. We spreken dan van *padafhankelijkheid.* Padafhankelijkheid is nauw verbonden aan het fenomeen dat verwachtingen zichzelf kunnen waarmaken. De speltheorie laat namelijk zien dat er in zogenaamde herhaalde spellen meerdere evenwichten mogelijk zijn. Neem een herhaald gevangenendilemma. Als u verwacht dat uw medegevangene u altijd verraadt, dan is het in uw belang om uw medegevangene te verraden. Doet u dat niet, dat draait u alleen op voor de overtreding. Als u echter verwacht dat uw medegevangene u vandaag niet zal verraden en dat morgen ook niet zal doen, mits u hem niet verraadt, dan is het ook in uw belang om uw medegevangene niet te verraden. Zonder bekentenis kan de politie u immers weinig maken. Dit illustreert het belang van verwachtingen. Beide gevangenen verwachten collectief een bepaalde uitkomst, die daardoor ook werkelijkheid wordt. Figuur 3.1 laat zien dat die padafhankelijkheid ook praktisch van groot belang is. In de democratieën van Noordwest-Europa bestaat een groot onderling vertrouwen, waardoor samenwerking makkelijk tot stand kan komen. Heel anders is de situatie in het door de maffia beheerste Sicilië of Calabrië. De verwachting van de beroving van de maffia ondermijnt het onderlinge vertrouwen.

Ook de praktische waarde van privatisering is padafhankelijk. Door privatisering, de overdracht van eigendomsrechten aan private partijen, tracht de overheid zichzelf geloofwaardig te binden aan non-interventie. Maar alle private eigendomsrechten zijn relatief. Uiteindelijk heeft de overheid altijd het recht om met publiekrechtelijke regelgeving in te grijpen in het bereik en daarmee de waarde van private eigendomsrechten. De eigenaar van het geprivatiseerde bedrijf is hier dus een potentieel slachtoffer van een berovingsprobleem. Of dat ook daadwerkelijk gebeurt is afhankelijk van de tradities in een land. Een voorbeeld van dit probleem is Schiphol. Stel dat het kabinet besluit om Schiphol te privati-

Figuur 3.1 Vertrouwen in mensen in transacties, Europa

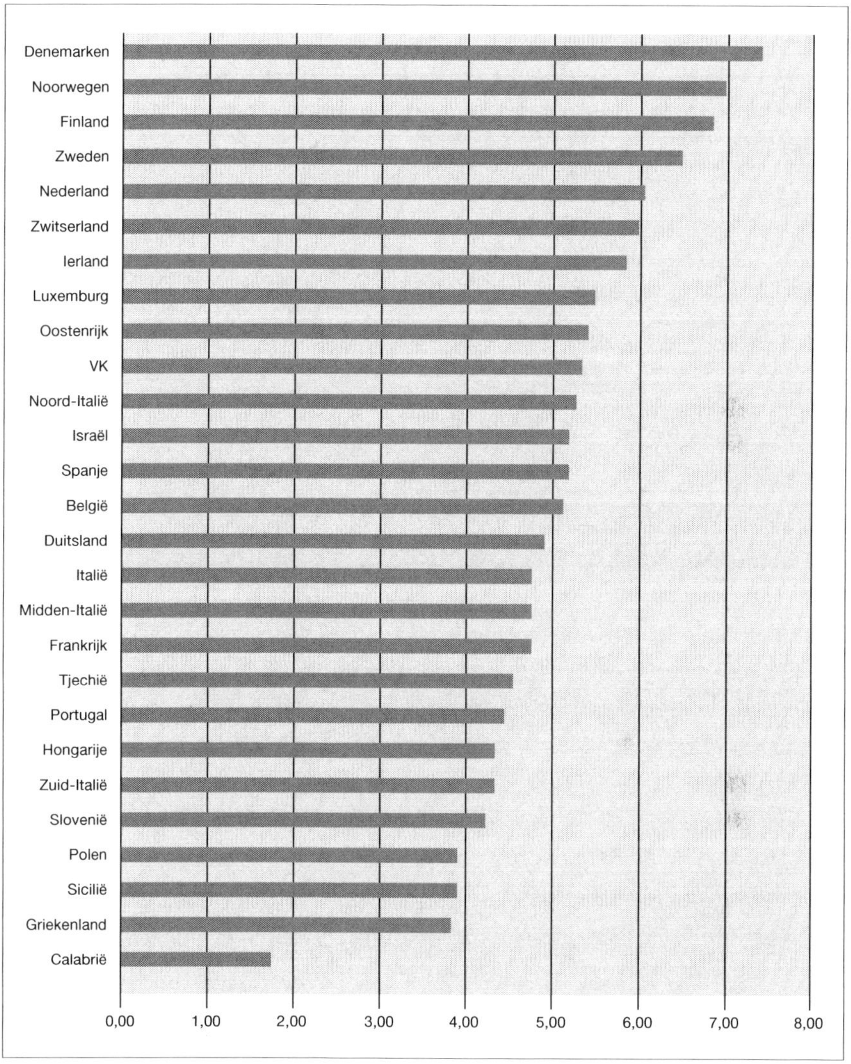

Vraag waarop figuur gebaseerd is: Kunt u mensen volledig vertrouwen in transacties of moet men altijd op zijn hoede zijn? (0 = altijd op hoede zijn, 10 = volledig vertrouwen)
Bron: *European Value*, 2004

seren. De waarde van de luchthaven wordt sterk bepaald door de wetgeving met betrekking tot de geluidsoverlast. Wel of geen nachtvluchten of alleen in de randen van de nacht? Wel of niet aanvliegen over het dichtbevolkte Amsterdam? Het antwoord op al die vragen, vervat in publiekrechtelijke aanwijzingen, is van grote invloed op de waarde van de luchthaven. Een potentiële investeerder wil dus, voordat hij zijn geld in de luchthaven steekt, graag zeker weten dat politici hun achterban niet zullen behagen door extra milieuregels te stellen. Die extra regels gaan immers ten koste van de waarde van Schiphol.

Het verschil tussen de gang van zaken bij Schiphol en bij de NS geeft treffend aan dat de betekenis van privatisering niet alleen verschilt van land tot land, maar ook van sector tot sector. Weliswaar is zowel Schiphol als de NS nu nog een volledig staatsbedrijf, maar nu al valt te voorspellen dat de privatisering van Schiphol veel kansrijker is dan die van de NS. Beide bedrijven zijn actief in het openbaar vervoer en in beide bedrijven gaat uit de aard der zaak voortdurend veel mis. Toch zijn vertragingen op het spoor bij de NS bij voortduring onderwerp van Kamervragen, is iedere prijswijziging aanleiding tot een verhit politiek debat en kan de NS geen loket sluiten zonder openlijke bemoeienis van de ministers. Tegelijkertijd windt geen Kamerlid zich op over geannuleerde vluchten, gestrande reizigers of absurde vormen van tariefdifferentiatie die in de luchtvaartsector algemeen gebruikelijk zijn. Dat heeft niets te maken met verschillen tussen beide sectoren en alles met de verschillende gewoonten die de politiek in de loop jaren ten aanzien van beide sectoren heeft opgebouwd. De privatisering van de NS is vooral vanuit dit gezichtspunt problematisch: er is geen particuliere investeerder die nu nog wil geloven dat de politiek zich na de privatisering niet met het spoor zal willen blijven bemoeien.

De betekenis van privatisering hangt dus af van verwachtingen, verwachtingen omtrent de interventiezucht die de overheid middels publiekrechtelijke bepalingen aan de dag legt na de privatiseringsdatum. Naarmate private eigenaren verwachten dat de overheid minder zal interveniëren ná de privatisering, zullen zij bereid zijn te betalen voor de overname van de luchthaven. Tevens zullen zij ook bereid zijn hun informatie prijs te geven en hun kennis en kunde te gebruiken om de luchthaven efficiënt te exploiteren. Die efficiënte exploitatie maakt politieke interventie minder aantrekkelijk, omdat de toekomstige voordelen door die interventie teniet worden gedaan. Zo'n interventie doorbreekt namelijk het verwachtingspatroon en vernietigt daarmee de kostbare reputatie van een betrouwbare overheid die niet intervenieert in de bedrijfsvoering. Als de nieuwe eigenaren daarentegen verwachten dat de overheid na privatisering het private eigendom toch niet zal respecteren, zullen zij zich nauwelijks inspannen om kostenvoordelen te realiseren. Dan is overheidsinterventie ook niet kostbaar, omdat de eigenaren toch weinig kostenvoordelen behalen.

Padafhankelijkheid maakt dat binding ook een kwestie van reputatie en symboliek is. Een goede reputatie biedt de overheid de mogelijkheid zich te binden aan non-interventie. Een politieke constellatie kan zich daarom op het ene terrein soms geloofwaardiger binden dan op andere terreinen, simpelweg omdat op het eerste terrein reeds een lange traditie van non-interventie bestaat.

Instituties als een onafhankelijke rechtspraak maken het de overheid makkelijker om een goede reputatie op te bouwen. Private partijen kunnen dan een beroep op de rechter doen wanneer zij publiekrechtelijke regelgeving een onredelijke inbreuk op hun private eigendomsrechten vinden. In dat geval wordt een impliciet contract over het terughoudende gebruik van de interventiemacht omgezet in een expliciet contract, waardoor een beroep op de rechter mogelijk wordt. Maar een beroep op de rechter voor een beslissing van de overheid blijft altijd zoiets als te biecht gaan bij de duivel: je gaat in beroep tegen een besluit van de overheid bij de overheid zelf. Het vereist een groot vertrouwen in Montesquieus scheiding der machten.

Er is daarom behoefte aan extra institutionele veiligheidskleppen om de interventiezucht van de politiek in toom te houden: de heersende normen en waarden. Burgers rekenen de overheid niet louter af op het platvloerse criterium van haar efficiëntie. Rechtsprincipes als rechtsgelijkheid en democratische legitimatie zijn vaak veel belangrijker. Burgers hebben bij deze principes een veel grotere emotionele betrokkenheid dan bij het principe van 'efficiëntie'. Deze emotionele lading van de rechtsprincipes is zeer functioneel. Zij heeft een belangrijke functie in het beschermen van de burger tegen het geweldsmonopolie van de staat. Efficiëntie vergt geen morele steun. Als iets handiger kan, is er immers voor niemand reden daarop tegen te zijn. Dat ligt anders met de rechtsprincipes. Politici hebben alle reden om die aan hun laars te lappen en op dat moment kunnen burgers geen beroep doen op het geweldsmonopolie van de staat. Dat staat immers onder beheer van diezelfde politici. Alleen de gedeelde morele verontwaardiging van burgers tegen een beheerder van het geweldsmonopolie die deze principes met voeten treedt dwingt de naleving ervan af. Morele verontwaardiging is een self-fulfilling prophecy: omdat politici verwachten dat de burger boos wordt als de democratische principes geschonden worden, gebeurt dat niet. Vandaar ook dat in onze ogen een burger moreel zoveel hoger staat dan een consument, terwijl het toch allebei om dezelfde mensen gaat: als burger vervult hij zijn morele plicht, als consument komt hij slechts op voor zijn eigen belang. Een goede reputatie weerhoudt niet alleen de overheid van interventie. Ook de private eigenaar kan zich daarmee binden aan een ondernemingsbeleid dat publieke belangen respecteert. Grote ondernemingen internaliseren daarom zelf grote externe effecten, al was het maar om politieke interventie voor te zijn. Normen en verwachtingen van het publiek over wat de redelijke gronden voor overheidsingrijpen zijn dwingen zo verantwoord ondernemerschap af. Ook de invulling van privaat eigendom hangt daarmee af van de cultuur en haar stilzwijgende afspraken. De mate waarin een bedrijf ook zonder publieke wet- en regelgeving geacht wordt zich aan bepaalde maatschappelijke normen te houden begrenst de rechten verbonden aan privaat eigendom.

De voorbeelden van dergelijke vormen van zelfregulering zijn talrijk. Shell beschouwde rond 1990 een verantwoord milieubeleid als een kerntaak. Zonder dat beleid zou er voor Shell naar het eigen gevoel geen plaats zijn in een moderne samenleving. Het bedrijf besteedt sindsdien veel aandacht aan milieubeleid en heeft ook een reputatie op dat terrein. De zorg om die reputatie deed Shell ook besluiten om de Brent Spar niet af te zinken op volle zee, hoewel Shell zelf meende dat de optie van het afzinken milieutechnisch gezien de beste oplossing was. Ook in tal van andere situaties vertrouwt de politiek, wanneer zich nieuwe publieke belangen voordoen, bij voorkeur op zelfregulering. Ook het betreffende bedrijf, de sector of de beroepsgroep heeft daar alle belang bij. Zelfregulering voorkomt onwerkbare of inefficiënte regelgeving. Zij voorkomt ook dat de sector de regelgeving aanvecht of dat schadeclaims worden ingediend. Een voorbeeld is de zelfregulering van accountants nadat de boekhoudschandalen bij Ahold en andere bedrijven onvolkomenheden aan het licht hadden gebracht. Dit is opnieuw een toepassing van het Coase-theorema: wanneer het aantal betrokken spelers beperkt is kunnen externe effecten zonder overheidsdwang worden geïnternaliseerd.

De rechten en plichten van de publieke en de private sectoren vallen dus niet samen met juridische wet- en regelgeving, formele eigendomsrechten en gecodificeerde contracten, maar hangen ook af van stilzwijgende maatschappelijke afspraken en sociale normen. De geloofwaardige bescherming van zowel private eigendomsrechten als het publieke belang staat of valt dan ook met breed gedragen waarden en verwachtingen die deze bescherming ondersteunen.

Vanwege deze meerduidigheid is het zo moeilijk een eenduidige theorie van privatisering en politieke interventie te ontwikkelen. De waarde van eigendom hangt immers af van moeilijk grijpbare begrippen als normen en verwachtingen die een belangrijke rol spelen in impliciete contracten. Een bedrijfscultuur is een moeilijk grijpbaar begrip. Toch zijn de ongeschreven afspraken in die cultuur wel van groot belang voor de concurrentiepositie van het bedrijf, zeker omdat concurrenten die stilzwijgende afspraken moeilijk kunnen kopiëren. Iets dergelijks geldt ook voor de normen en verwachtingen die zijn samengebald in de cultuur van een land. Zo is het in sommige landen aan de orde van de dag dat de overheid grote private bedrijven te hulp schiet als deze bedrijven zich in financiële moeilijkheden bevinden. Het Italiaanse bedrijf Parmalat dat steun kreeg van de Italiaanse overheid is een voorbeeld van recente datum. Soms ook kan de overheid zonder veel problemen de beslissingsbevoegdheid van private eigenaren opschorten door wet- en regelgeving te veranderen. De bindingswaarde van privaat eigendom is daarmee tijd- en plaatsgebonden. Deze padafhankelijkheid is ook de kern van de verklaring die Daron Acemoglu et al. geven in hun artikel 'Reversal of Fortune' (2002) voor de uiteenlopende welvaartsontwikkelingen van Noord- en Zuid-Amerika, twee gebieden met in essentie dezelfde grondwet. Toen de Europeanen in de decennia na 1492 Amerika veroverden, troffen zij in Zuid- en Midden-Amerika bloeiende culturen aan. Noord-Amerika was daarentegen grotendeels verlaten. In Zuid-Amerika zetten de Europese kolonisten dus instituties op die erop gericht waren de bestaande welvaart te roven en naar Europa over te brengen. Die traditie – de roof van privé-eigendom door de politieke elite – bepaalt tot op de dag van vandaag de Zuid-Amerikaanse cultuur. In Noord-Amerika viel niets te roven en dus werden er instituties opgezet die het de kolonisten mogelijk moesten maken zelf een bestaan op te bouwen. Ruim tweehonderd jaar later moeten we vaststellen dat dit wonderwel is gelukt.

3.5 Grenzen van centrale planning

A Government could print a good edition of Shakespeare's works, but it could not get them written.

Alfred Marshall (1907, p. 22)

Wie zijn gedachten laat gaan over de grenzen van de sturingskracht van een overheid raakt snel verward in een keten van problemen. De oplossing van een probleem roept weer een volgend probleem op en wie de keten tot het einde tracht te volgen bekruipt het idee dat hij in een ets van Escher is verdwaald. De man die de trap afdaalt komt uiteindelijk weer terug op hetzelfde niveau. Ergens in het proces van waarnemen moet een denkfout geslopen zijn. Eenzelfde proces zien we ook terug in het analyseren van welke publieke belangen door middel van collectieve actie verdedigd kunnen worden en welke door particulier initiatief. Wie de tekortkomingen van de markt doorziet en de kosten en baten van collectieve actie op een rijtje zet, komt soms weer op het beginpunt terug waarbij transacties in het private domein nog niet zo slecht werken. Omgekeerd, wie het falen van de politiek ziet en de markt binnen de muren van het publieke domein wil halen, zal na een weging van de kosten en baten wellicht bedenken dat bureaucratieën nog niet zo slecht werken.

Wie moet kiezen voor of tegen centralisatie van besluitvorming – of voor het al of niet toepassen van publiekrechtelijke dwang – krijgt het gevoel met een onoplosbaar probleem opgezadeld te worden. Dat is ook niet zo verbazingwekkend. Immers, de oorzaken van marktfalen – berovings- en onderhandelingsproblemen – blijken ook ten grondslag te liggen aan het overheidsfalen. De middenstander die wenst dat de overheid hem beschermt tegen de roof en diefstal van de lokale maffia, ondervindt al snel dat diezelfde overheid ook niet vrij is van dergelijke onhebbelijkheden. Centralisatie van het geweldsmonopolie in handen van de overheid biedt weliswaar bescherming tegen de maffia, maar maakt van die overheid een monopolist, met alle risico's van machtsmisbruik van dien. Het berovingsprobleem is dus niet definitief opgelost, het is slechts verschoven.

Of neem de producent met hoge vaste kosten die onvoldoende informatie heeft over de betalingsbereidheid van individuele burgers om in te schatten of hij zijn vaste kosten kan terugverdienen. Wanneer die vaste kosten in het vervolg niet worden betaald uit de winst van de producent, maar worden gedekt uit de belastingmiddelen van de overheid, dan is ook dat geen definitieve oplossing, maar een verschuiving van het onderhandelingsprobleem. Want de overheid stuit op hetzelfde informatieprobleem: dat zij zal moeten achterhalen hoeveel individuele burgers bereid en in staat zijn om te betalen.

Er blijken vier dilemma's te zijn die ieder één van de vier redenen van overheidsfalen afdekken. Gezamenlijk bepalen zij of de toepassing van publieke dwang wenselijk is. Het gaat om de dilemma's van: (1) de kosten van verificatie versus het bieden van rechtszekerheid; (2) solidariteit versus keuzevrijheid; (3) internalisering van externe effecten versus aansturingskosten; en (4) zelfbinding versus flexibiliteit.

Er zijn allerlei instrumenten en instituties ontwikkeld om deze dilemma's te verzachten, zoals het profijtbeginsel, subsidiariteit, scheiding van machten, private eigendomsrechten en normen. Maar er blijft meestal een onvermijdelijke spanning bestaan die tot afruilen noopt. De vier dilemma's geven ons een handvat om in twee zinnen samen te vatten of de toepassing van publieke dwang gerechtvaardigd is. De kosten van de toepassing van publieke dwang zijn hoger naarmate informatie moeilijker verifieerbaar is, de bevolking heterogener van samenstelling is (naar voorkeuren en capaciteiten), centrale aansturing kostbaarder is vanwege de private informatie van opdrachtnemers en naarmate de overheid zich in het verleden op dat beleidsterrein sterker gebonden heeft aan non-interventie.

Omgekeerd ligt publieke interventie meer voor de hand naarmate het rechtssysteem beter in staat is eigendomsrechten adequaat te definiëren, verplichte collectieve regelingen grotere voordelen hebben in de beperking van transactiekosten, de complexe externe effecten belangrijker zijn en naarmate de overheid zich altijd al intensief met een beleidsterrein heeft beziggehouden. Toegegeven, deze algemene zinnen laten ongetwijfeld een aantal details buiten beschouwing, maar dat is het wezen van een samenvatting. En toegegeven, deze algemene zinnen zijn abstract en multi-interpretabel, maar dat is op dit algemene niveau onvermijdelijk. Ze geven echter een handvat voor waar je moet beginnen met zoeken en dat is alles wat we hier pretenderen. Wie verder wil, zal met zijn poten de modder in moeten en concreet, empirisch onderzoek moeten doen naar de omvang van de relevante externe effecten.

HOOFDSTUK 4

De cirkel van goede intenties

Een zekere zelfgenoegzaamheid is de Nederlandse politieke en bestuurlijke elite niet vreemd. Ons land kent immers geen Amerikaanse toestanden. Bij ons is alles netjes door de overheid geregeld en door haar ambtenaren aangeveegd. Onze politici lopen niet aan de leiband van geldschieters uit het grootbedrijf. Populisten krijgen geen kans (die ene schokkende uitzondering daargelaten) en burgemeesters worden netjes door de kroon benoemd. Deze tevredenheid over het politieke bestel gaat gepaard met een waardering voor politieke besluitvorming. Een besluit dat collectief wordt genomen is bijna per definitie van een hoger moreel statuur dan individuele keuzen. Consumentisme is vies, de publieke zaak is verheven. Politieke besluitvorming is bijna een doel op zichzelf.

De vraag is of deze zelfgenoegzaamheid op feiten is gebaseerd. Figuur 4.1 en 4.2 geven alle reden tot twijfel. Het vertrouwen in de politiek en het gevoel dat het land geregeerd wordt conform de wil van het volk is in Europa duidelijk groter dan in Azië of Afrika. Maar dat zal niemand verbazen. De overgang van arme naar welvarende regio's gaat nu eenmaal met de nodige problemen gepaard. Kleptocratieën worden niet zomaar omvergeworpen. Dat gaat vaak gepaard met bloedvergieten. Het is aanzienlijk opmerkelijker dat Europeanen nadrukkelijk minder tevreden zijn met de politiek dan burgers in Canada en de Verenigde Staten. Europeanen mogen dan bang zijn voor Amerikaanse toestanden, de Amerikanen zelf zijn dat klaarblijkelijk minder. Deze latente ontevredenheid met het politieke bestuur verklaart waarom gevestigde politieke partijen electoraal zeer kwetsbaar zijn gebleken en waarom een nieuwkomer in het politieke systeem in één klap de tweede partij van Nederland kon worden. Buitenstaanders lijken goed in staat om het politieke establishment te bedreigen, zowel op lokaal als op landelijk niveau.

Figuur 4.1 Het vertrouwen in parlement/congres om het belang van de maatschappij te behandelen

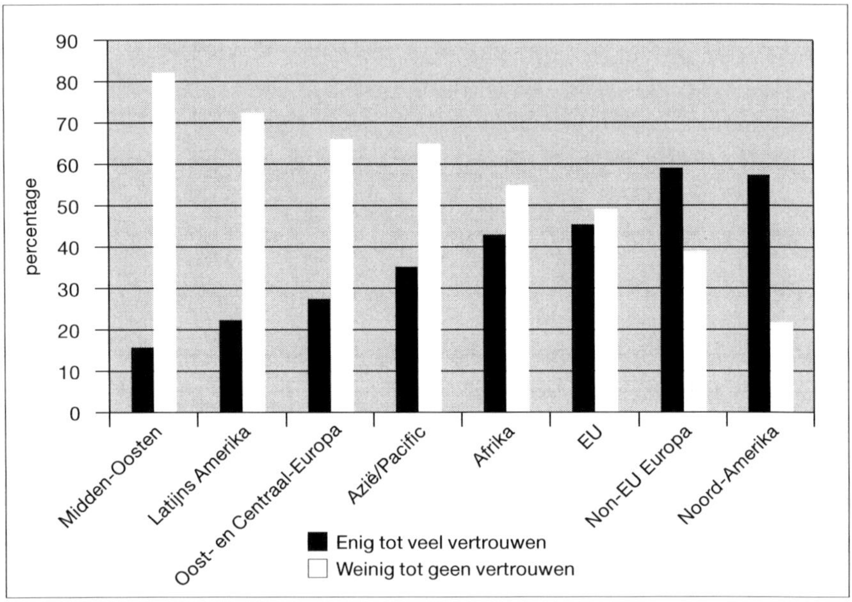

Figuur 4.2 Wordt het land door de wil van het volk geregeerd?

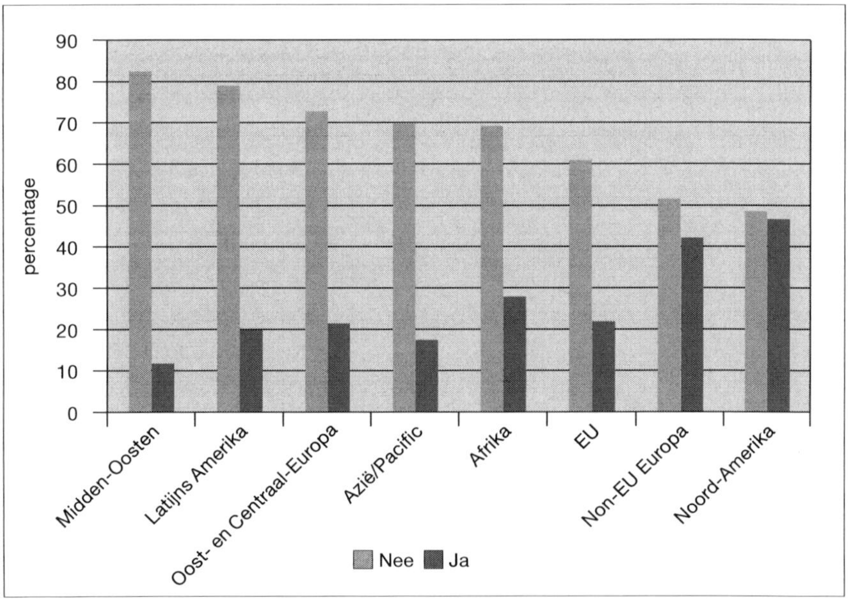

Bron: Gallup International (2002)

'I would like to be a zero-government libertarian', verzuchtte Milton Friedman ooit eens in een interview (Doherty, 1995). De hierboven beschreven wijdverbreide reserves ten aanzien van het politieke systeem maken dit tot een begrijpelijke wens. Friedman voegde er echter meteen aan toe dat zo'n staat niet stabiel zou zijn. Een complexe maatschappij kan niet functioneren zonder regels, of deze nu impliciet zijn zoals vervat in normen en waarden of expliciet, in wetgeving, al was het maar om eigendomsrechten tegen roof en diefstal te beschermen en om de naleving van contracten af te dwingen. Vanuit dat perspectief pleit de econoom James Buchanan (1975, 1987) ervoor dat economen zich niet primair met het dagelijkse beleid bezighouden, maar zich vooral richten op de formulering van de spelregels voor een samenleving, met andere woorden op het ontwerpen van een grondwet. Normatieve oordelen moeten in dat stadium aan de orde komen. Wat er daarna gebeurt, gebeurt er, maar daar zouden economen of beleidsmakers zich minder om moeten bekommeren, is de mening van Buchanan. Deze benadering van politiek als sociaal contract over rechten impliceert een specifieke theorie van rechtvaardigheid. Het draait niet zozeer om de uitkomsten, maar om de spelregels die de uitkomsten mogelijk maken. Om het te vertalen naar inkomenspolitiek: het gaat meer om gelijke kansen dan om gelijke uitkomsten. Wat er na de gelijke verdeling van kansen gebeurt met de inkomensverdeling is 'all in the game', maar wel binnen de spelregels die vastgelegd zijn.

Deze sociaal-contractbenadering van Buchanan heeft zijn aantrekkelijke kanten. Politieke discussie is een eenmalige affaire die plaatsvindt bij de 'schepping van de economie' wanneer men de spelregels in steen beitelt. De grondwet waaraan eenieder zich heeft te houden wordt dan vastgelegd, daarna is alle verdere actie het gevolg van vrijwillige transacties tussen burgers, bijna precies zoals Friedman het zich heeft gedroomd. De politiek kan nooit meer ingrijpen in de eigendomsrechten van burgers, iedereen kan maximaal zelf zijn keuze maken. Het probleem is echter dat die visie niet volstaat. Rechten kunnen niet nu voor eens en voor altijd worden vastgelegd. Tien jaar geleden had niemand de hardheid van terrorisme voorzien en vroeger werden DDT en asbest als heilzame innovaties beschouwd.

Het probleem waar menige maatschappij, zeker niet alleen de Nederlandse, mee worstelt is 'de cirkel van goede intenties'. Nieuwe belangen dienen zich continu aan. Belangen die of niet voorzien zijn of belangen die door technologische ontwikkelingen of eenvoudig een andere prioriteitenstelling doordringen tot regering en parlement. Deze nieuwe complexe externe effecten vereisen een inbreuk op bestaande rechten. Die rechten worden aan de kant geschoven, de politieke macht met zijn overheidsapparaat neemt tijdelijk het initiatief over.

Daarmee ontstaat echter onmiddellijk het gevaar dat die overname blijvend is, dat het begrijpelijke ideaal van Friedman van een 'zero government' achter de horizon verdwijnt. De overheid trekt steeds meer macht naar zich toe en de vrijwillige transactie verliest aan betekenis. Het is dus zaak de cirkel van goede intenties zo snel mogelijk weer te sluiten: nieuwe belangen moeten zo snel mogelijk worden vastgelegd in stabiele wet- en regelgeving. Wanneer de nieuwe spelregels zijn vastgelegd is direct ingrijpen niet meer nodig en is de cirkel weer gesloten.

Het sluiten van de cirkel van goede intenties door het vastleggen van stabiele regels is een zware opgave voor de politiek. Wie particulier initiatief de ruimte wil geven, moet de moed hebben om na het reviseren van spelregels de interventiebevoegdheden zo snel mogelijk weer uit handen te geven. Sterker nog, ruimte voor particulier initiatief vereist dat politiek zich zeer terughoudend opstelt bij het herzien van spelregels. Mede daarom zien wij een tendens waarbij de politiek haar primaat beperkt door meer discretionaire bevoegdheden over te laten aan Europa – denk aan het Stabiliteits- en Groeipact en de onafhankelijke Europese Centrale Bank –, aan toezichthouders en aan rechters. Ook leggen steeds meer landen expliciet van tevoren vast hoe ze demografische en macro-economische risico's delen in pensioenstelsels en de sociale zekerheid, bijvoorbeeld hoe uitkeringen variëren met groei van lonen en hoe de pensioenleeftijd varieert met de levensverwachting. De kunst van het beperken van het politieke primaat valt de politiek zwaar. Politici klagen niet voor niets dat rechters steeds meer op hun stoel gaan zitten. Er moet nu meer vertrouwd worden op het oordeel van rechters bij de interpretatie en handhaving van regels.

Niet alleen stabiele juridische regels maar ook ongeschreven regels impliciet in maatschappelijke normen en waarden zoals rechtszekerheid, betrouwbaarheid en rechtsgelijkheid beperken de beleidsvrijheid van de politiek als beheerder van het geweldsmonopolie. Dit publieke geweldsmonopolie wordt ingekapseld door de 'law of reason'. De zachte kracht van cultuur, recht, rede en redelijkheid en van ethiek wint het geleidelijk van de ruwe macht van het geweldsmonopolie, althans in dit tijdsgewricht en dan nog binnen Europa.

Het belang van het sluiten van de cirkel van de goede intenties door het loslaten van politieke discretionaire beslissingsbevoegdheid en het beperken van het politieke primaat is de hoofdboodschap van dit boek. Maar hoe zijn we tot die conclusie gekomen? Dat heeft voornamelijk te maken met onze verwondering over en bewondering voor de stille kracht van ruil en regels. We lopen de hoofdlijn van die argumentatie hieronder nog een keer na.

4.1 De kracht van vrijwillige transacties

Een alles overkoepelend thema in dit boek is de kracht van het transactiemechanisme. De ruil van eigendomsrechten corrigeert een inefficiënte verdeling van rechten. Vrijwillige ruil strekt bijna per definitie tot wederzijds voordeel, anders zouden de partijen immers niet ruilen. Het ruilen stopt pas dan wanneer er geen wederzijds voordelige transacties meer mogelijk zijn en dan is de situatie dus bijna per definitie efficiënt. Dat is de traditionele rol die het transactiemechanisme vervult. Een inefficiënte situatie kan daarom alleen blijven bestaan als een profijtelijke transactie om de een of andere reden toch niet tot stand kan komen. Het bekendste voorbeeld is een gevangenendilemma, waarbij beide gevangenen graag met elkaar een transactie zouden afsluiten zodat ze elkaar de volgende dag, wanneer ze beiden in hun eigen cel opgesloten zitten, niet zullen verraden. Maar beide partijen kunnen zich niet geloofwaardig aan die transactie binden en dus komt zij niet tot stand. In het jargon van dit boek is er dan sprake een extern effect dat niet goed door aanvullende transacties geïnternaliseerd kan worden.

Partijen zullen zich echter niet zomaar neerleggen bij het ontbreken van die markt. Ze zullen nieuwe instituties ontwerpen om die transacties alsnog mogelijk te maken. Een typisch voorbeeld is het privaatrechtelijk afdwingbaar contract, waarin beide partijen zich vooraf binden aan hun afspraken en zich onderwerpen aan het geweldsmonopolie van de overheid als zij hun verplichtingen niet nakomen. Het inzicht dat de betrokken partijen zelf een prikkel hebben om markten voor de ontbrekende transacties te creëren, zodat externe effecten geïnternaliseerd kunnen worden, is de kern van het Coase-theorema.

Het transactiemechanisme is zo krachtig, omdat het de bij de transactie betrokken partijen informatie verschaft over elkaars voorkeuren zonder dat een centrale planner daarvan op de hoogte hoeft te zijn. Als mensen bereid zijn tot vrijwillige ruil, geeft dat feit alleen al voldoende informatie over hun voorkeuren aan de wederpartij. Bovendien biedt het transactiemechanisme precies de juiste prikkels om economische activiteiten te ondernemen die in het belang zijn van de ander. Men kan alleen iets waardevols verwerven als men bereid is de ander daar iets waardevols voor terug te geven. Het gaat in de markt om het gelijk oversteken van rechten en plichten.

Een voorbeeld van een ontbrekende markt die door aanvullende transacties kan worden ingevuld is de aanleg van de Betuwelijn. Gemeenten in de Betuwe ondervinden overlast van langs denderende treinen. De steden in Noord-Brabant daarentegen profiteren, omdat hun stadshart niet langer wordt belast door de veiligheidseisen van goederenvervoer per spoor. Ook de Rotterdamse havenbedrijven profiteren, omdat zij hun achterland beter kunnen bedienen. Dan is het lijstje met belanghebbenden compleet. De Betuwegemeenten zijn bereid de nieuwe spoorlijn te accepteren als zij daarvoor voldoende compensatie ontvangen. De Brabantse gemeenten zijn bereid te betalen, omdat die goederentreinen dan uit hun stadshart kunnen worden geweerd. Ook de Rotterdamse havenbedrijven willen betalen, omdat zij later van de nieuwe spoorlijn zullen profiteren. Als uit dit saldo de aanleg niet kan worden gefinancierd, dan creëert het project blijkbaar geen positieve waarde en dan moet het dus niet worden gerealiseerd. Zo bezien is er bij de Betuwelijn voor overheidsingrijpen helemaal geen reden. Dat inzicht had ons land veel ellende kunnen besparen.

Het voorbeeld van het rechtens afdwingbare contract illustreert de belangrijke rol die de rechtstaat speelt bij het mogelijk maken van een wederzijds voordelige ruil. De rechter kan afspraken afdwingen als de betrokken partijen een privaatrechtelijk contract sluiten. Zo komen waardevolle transacties tot stand waarbij partijen zich vandaag moeten binden aan dingen die ze pas morgen kunnen waarmaken. De rechtstaat dwingt niet alleen contracten, maar ook eigendomsrechten af, door de eigenaar te beschermen tegen roof en diefstal. Je kunt iets alleen in eigendom verwerven als je bereid bent een tegenprestatie te leveren, niet door een ander te beroven. Juist door die zekerheid kan het transactiemechanisme werken.

4.2 De zwakte van vrijwillige transacties

Het transactiemechanisme kent echter grenzen wanneer er complexe externe effecten in het spel zijn. Dan zijn aanvullende privaatrechtelijke transacties moeilijk te realiseren vanwege uitvretersgedrag. Er is altijd wel één partij die kan profiteren van de transactie zonder eraan te hoeven bijdragen. De niet-uitsluitbaarheid van de baten van aanvullende transacties verbreekt de directe band tussen betalen en genieten. Daarom kunnen partijen niet meer gelijk oversteken en zullen sommige proberen te profiteren van de bijdragen van andere zonder daarvoor een tegenprestatie te leveren. In die gevallen is sprake van een publiek belang dat behartigd moet worden door de toepassing van publiekrechtelijke dwang. Iedere keer wanneer van een bepaalde zaak geclaimd wordt dat deze een publiek belang vertegenwoordigt, moet de vraag derhalve zijn: wat zijn de relevante externe effecten waarbij uitvretersgedrag dreigt? Wie profiteert hier van een bepaalde (trans)actie of heeft daar juist last van, zonder dat deze personen bij de besluitvorming aan tafel zitten? En waarom kunnen deze personen niet bij deze transacties worden betrokken zodat de externe effecten met aanvullende transacties tussen belanghebbenden kunnen worden geïnternaliseerd?

De voornaamste bronnen van het falen van vrijwillige ruil zijn schaalvoordelen en averechtse selectie. Bij schaalvoordelen heeft een individuele consument belang bij een divers aanbod van vele producten, maar zal hij bij de betaling van de daarmee gepaard gaande vaste kosten proberen te profiteren van de betaling van anderen. Dat is dus een vorm van uitvretersgedrag, waardoor te weinig producenten tot de markt toetreden. Producenten hebben dan te weinig marktmacht om hun vaste kosten terug te verdienen. Schaalvoordelen kunnen echter ook resulteren in te veel marktmacht. Juist door die schaalvoordelen kan maar een beperkt aantal aanbieders in de markt overleven. Deze producenten hebben daardoor marktmacht, die ze zullen gebruiken om hun prijzen te verhogen, met grote monopoliewinsten als gevolg. De hoge prijzen doen consumenten met een lage betalingsbereidheid afhaken, wat vanuit maatschappelijk oogpunt verspilling is. Bovendien ontstaat er een concurrentieslag om de monopoliewinst: meerdere producenten proberen toe te treden tot de markt om zich een deel van de buit eigen te maken, terwijl één aanbieder voldoende is om de hele markt op de meest efficiënte manier te kunnen bedienen. De overheid staat bij schaalvoordelen dus voor een gecompliceerde afweging tussen macht geven en macht nemen. Zij kan producenten macht geven, door burgers te verplichten bij te dragen, zoals ze doet bij collectieve goederen zoals de dijk rond de polder. Zij kan producenten ook macht ontnemen, door hen te onderwerpen aan allerlei vormen van prijsbeleid. Het is precies deze dubbelzinnigheid die concurrentiebeleid en marktordening van toezichthouders als de Nederlandse Mededingingsautoriteit (NMa), de Onafhankelijke Post en Telecommunicatie Autoriteit (OPTA) en de Directie Toezicht Energie (DTE) tot zo'n ingewikkeld thema maakt. Dezelfde dubbelzinnigheid speelt ook bij de ruimtelijke ordening, waar zowel bij steden als bij de verkeersinfrastructuur schaalvoordelen een enorme rol spelen.

Bij averechtse selectie is veelal het probleem dat het gemeenschappelijke belang eist dat alle betrokkenen aan een collectieve regeling deelnemen, goede én slechte risico's. Het is echter in het individuele belang van goede risico's om zich voor veel geld te laten keuren, zodat ze herkenbaar zijn als een goed risico. Verzekeringsmaatschappijen zullen hun dan graag een voordeligere polis aanbieden, vanwege hun gunstige risico. Op die manier kunnen ze zich onttrekken aan hun solidariteitsbijdrage met de slechte risico's. Maar naarmate de in de collectieve regeling achterblijvende groep gemiddeld een steeds slechter risico wordt, zullen ook de slechte risico's meer proberen om door de keuring heen te komen. De keuring moet dan steeds strenger en dus kostbaarder worden om de slechte risico's buiten de deur te houden. In het slechtste geval is uiteindelijk iedereen slechter af: de goede risico's door de hoge kosten van de keuring, de slechte risico's doordat zij niet langer kunnen profiteren van de solidariteit van de goede risico's. De overheid kan met een verplichte wettelijke regeling veel van dit soort ellende voorkomen, zoals zij doet bij sociale en ziektekostenverzekeringen.

4.3 De grenzen van overheidsdwang

De transacties die de overheid moet afdwingen, omdat ze vrijwillig niet totstandkomen, gaan per definitie gepaard met hoge transactiekosten. Privaatrechtelijke instituties verzuimen niet voor niets de ontbrekende markten te creëren. De overheid is de vergaarbak van complexe externe effecten die alleen via publiekrechtelijke dwang en gecentraliseerde besluitvorming kunnen worden gerealiseerd. Publiekrechtelijke dwang leidt bovendien altijd tot ingewikkelde opdrachtgever-opdrachtnemerrelaties. Vaak hoort men verzuchtingen over hoe ongevoelig overheidsdiensten – zoals de politie of de Belastingdienst – zijn voor klachten van het publiek en hoe anders het bedrijfsleven omgaat om klachten van klanten. Dit is echter het vergelijken van appels met peren.

In tegenstelling tot privaatrechtelijke transacties gebaseerd op direct wederzijds voordeel van de transactiepartners ontbreekt het directe eigenbelang bij de toepassing van publiekrechtelijke dwang. De burger wordt door de sterke arm van de overheid gedwongen om niet in het directe eigen belang te opereren door zich niet als uitvreter op te stellen. Burgers zullen trachten zich onder die dwang uit te wurmen en de overheid informatie te onthouden die nodig is voor uitoefening van die dwang. Publieke interventie vereist dus onvermijdelijk kostbare handhaving om de relevante informatie boven tafel te krijgen. Door het ontbreken van een 'quid pro quo'-mechanisme bij het uitoefenen van publieke dwang heeft de overheid moeite om informatie over de werkelijke voorkeuren van burgers te verkrijgen.

Bij de behartiging van publieke taken is sprake van complexe opdrachtgever-opdrachtnemerrelaties. Kiezers moeten allereerst besluiten welke politicus zij het recht om dwang uit te oefenen toevertrouwen. Als kiezers zijn zij daarmee de opdrachtgever van de politicus en dus niet omgekeerd, zoals de term 'het primaat van de politiek' suggereert. Politici worden echter duidelijk gewantrouwd, zoals wel bleek uit figuur 3.1, waarin zij de minst vertrouwde beroepsgroep zijn, en met reden. Het kiezen van die politicus gebeurt dan ook niet van harte. De politicus krijgt immers het geweldsmonopolie van de overheid in beheer. Hij of zij heeft daarmee grote macht over ieder van ons, en kiezers zijn wantrouwend over hoe de politicus die macht zal hanteren. Bovendien lopen de belangen van kiezers niet parallel. Dat leidt tot een onduidelijk mandaat voor de politicus. De politicus moet op zijn beurt weer als opdrachtgever optreden ten opzichte van ambtenaren die de publieke taken moeten uitvoeren. Deze keten van opdrachtgever-opdrachtnemerrelaties leidt tot veel zand in de machine van de democratie. Verantwoordelijkheden zijn diffuus en onduidelijk. Dit maakt problemen tussen opdrachtgevers en -nemers in de publieke sector complexer dan in de private sector. De politiek is een soort middenmanagement tussen de burgers als de ultieme opdrachtgevers aan de ene kant en de uitvoerders van publieke taken aan de andere kant. De problemen van meerdere opdrachtgevers, meerdere taken en meerdere hiërarchische lagen verklaren waarom de overheid de reputatie heeft inefficiënt te zijn en publieke organisaties zo procedureel zijn ingesteld.

De overheid kampt daarnaast met een fundamenteel zelfbindingsprobleem. Het primaat van de politiek in de vorm van onbeperkte interventiebevoegdheden lijkt op het eerste gezicht slechts voordelen te kennen. Publieke belangen kunnen dan immers te allen tijde behartigd worden. Die schijn bedriegt. Waar burgers zich kunnen binden aan toekomstige afspraken middels rechtens afdwingbare contracten, daar heeft de overheid als hoeder van het geweldsmonopolie een fundamenteel probleem: wie kan de overheid aanspreken op haar beloften? Wie bewaakt de bewaker? De macht van de overheid om via het hanteren van het geweldsmonopolie burgers te binden aan de publieke belangen van de gemeenschap maakt het moeilijker om zichzelf te binden aan een belofte over haar toekomstige beleid. Er is immers geen hogere macht om die belofte af te dwingen.

De ruime interventiemogelijkheden voor de politiek resulteren in allerlei berovingsproblemen. Burgers zullen hun investeringen opschorten, omdat ze weinig vertrouwen hebben in de beloften van de overheid. Op deze manier ondergraaft het primaat van de politiek de effectiviteit van prikkels en beperkt daarmee de sturingsmogelijkheden. Macht resulteert in onmacht. Deze interventieparadox – het opgeven van interventiebevoegdheden resulteert in grotere stuurbaarheid – resulteert in een dilemma van binding versus flexibiliteit. Enerzijds heeft de samenleving er belang bij de politiek maximale ruimte te geven om uitvretersgedrag te bestrijden. Anderzijds dient de politiek met handen en voeten gebonden te worden, zodat private eigendomsrechten beschermd worden en markten goed kunnen functioneren. Hoe meer onvoorzienbare publieke belangen zich kunnen voordoen, des te meer moet de politiek haar interventiemacht flexibel kunnen inzetten. Hoe gevoeliger de activiteiten van burgers zijn voor geloofwaardige prikkels, des te meer zal de politiek zich moeten binden aan noninterventie. Het geweldsmonopolie van de overheid is vuur waar niet te veel mee gespeeld moet worden.

Dit dilemma op het kruispunt van binding in de tijd en binding aan de gemeenschap is nauw gerelateerd aan de klassieke links-rechtstegenstelling. De overheid moet volgens 'links' te allen tijde over de mogelijkheid beschikken om de uitwassen van ongebreidelde marktwerking te bestrijden door burgers te binden aan het belang van de gemeenschap. Rechts, daarentegen, is de beschermheer van private eigendomsrechten tegen machtsmisbruik van de staat; de overheid moet zich beperkingen opleggen bij het kunnen binden van de individuele burgers aan de publieke belangen van de gemeenschap als geheel.

4.4 De calculus van het publieke belang

Door de hoge transactiekosten van publieke interventie is het louter bestaan van complexe externe effecten daarvoor onvoldoende legitimatie. Het corrigeren van marktfalen gaat onvermijdelijk gepaard met overheidsfalen. Alleen wanneer het saldo van de externe effecten ook na aftrek van de transactiekosten van de inzet van het publieke geweldsmonopolie nog steeds positief is, verhoogt publieke interventie de maatschappelijke welvaart. De aanzienlijke kosten en baten van publiek ingrijpen zijn een van de redenen dat discussies over publieke belangen zo hoog kunnen oplopen. Door informatieproblemen die spelen bij publieke belangen is de kwantificering van kosten en baten van centrale coördinatie vaak gebrekkig. Het gebrek aan inzicht in de kosten en baten van grote besluiten zorgt ervoor dat het debat sterk ideologische trekken vertoont. Toch is rationaliteit juist in dit debat van groot belang. Het recht van de sterkste dient in de rechtstaat ondergeschikt te zijn aan de redelijkheid. Tezamen met normen en waarden houdt rationaliteit misbruik van het geweldsmonopolie van de overheid in bedwang, zodat publiek ingrijpen beter voorspelbaar wordt. Iedere publieke interventie vereist daarom een sterke legitimatie. De disciplinerende vraag moet daarom steeds zijn: wat zijn de relevante externe effecten? Wie profiteert van een bepaalde (trans)actie? Zijn er ook partijen die niet in de besluitvorming worden betrokken maar wel last hebben van de (trans)acties in kwestie? En waarom kunnen deze personen niet bij deze transacties worden betrokken zodat het publieke belang toch geborgd kan worden? De kosten van overheidsingrijpen laten zich echter vaak moeilijk kwantificeren, mede omdat de negatieve effecten op de betrouwbaarheid van stabiele regels pas op termijn merkbaar zijn, terwijl de baten meestal wat eenvoudiger te kwantificeren zijn. Dat leidt makkelijk tot een politiek vooroordeel ten faveure van interventie en het gebruik van publieke dwang.

Welke hulpmiddelen heeft de politiek om zichzelf hiertegen te beschermen? Wij zien er twee. Ten eerste, de weg van de rede: een systematische weging van alle argumenten voor en tegen. Ten tweede, de weg van de macht: het door de rechterlijke macht aan de politiek opgelegde recht op financiële compensatie voor individuele burgers wanneer hun eigendomsrechten door politieke interventies worden geschonden. In deze paragraaf bespreken we het eerste hulpmiddel, het boomdiagram voor rationele besluitvorming en ontwerp van markt en staat. In de volgende paragraaf komt het tweede hulpmiddel aan bod: het wettelijke recht op compensatie.

4.4.1 De weg van de rede

Figuur 4.3 is een boomdiagram waarin de meest basale vragen over de noodzaak (het waarom) en de vorm (het hoe) van publieke interventies worden gesteld. De figuur begint met de vraag naar de aard van het publieke belangen: welk complexe externe effect dat niet kan worden geïnternaliseerd door vrijwillige transacties is hier aan de orde? Dit externe effect kan daarom vragen om de toepassing van publiekrechtelijke dwang, maar dat hoeft niet. Het publieke belang van het opheffen van het marktfalen moet immers voldoende zijn om de transactiekosten van politieke interventie te rechtvaardigen. Met andere woorden, hier is de vraag aan de orde of de overheid het marktfalen voort wil laten bestaan of dat zij wil ingrijpen.

Vervolgens komt het management van dat belang aan de orde: hoe moet publieke interventie worden vormgegeven? Via directe zeggenschap waardoor men enige flexibiliteit in het borgen kan aanbrengen of via regulering waarbij de overheid zich aan wetten en regels bindt? De overheid staat hier voor het dilemma van flexibiliteit versus binding. Wil de overheid de politieke zeggenschap in de uitvoering van publieke taken in eigen hand houden of is het voldoende dat zij uitvoering regelt door middel van publiekrechtelijke wetgeving, waarbij de overheid de markt grotendeels het werk laat doen? De essentiële vraag bij regulering is dus of het publieke belang louter door het stellen van regels voldoende veiliggesteld kan worden. Zo wordt voedselveiligheid niet bewaakt door allerlei staatsbakkerijen of staatsrestaurants, maar door regels te stellen aan private producenten die gecontroleerd worden door bijvoorbeeld de Voedsel en Waren Autoriteit.

Tabel 4.3 De calculus van het publieke belang

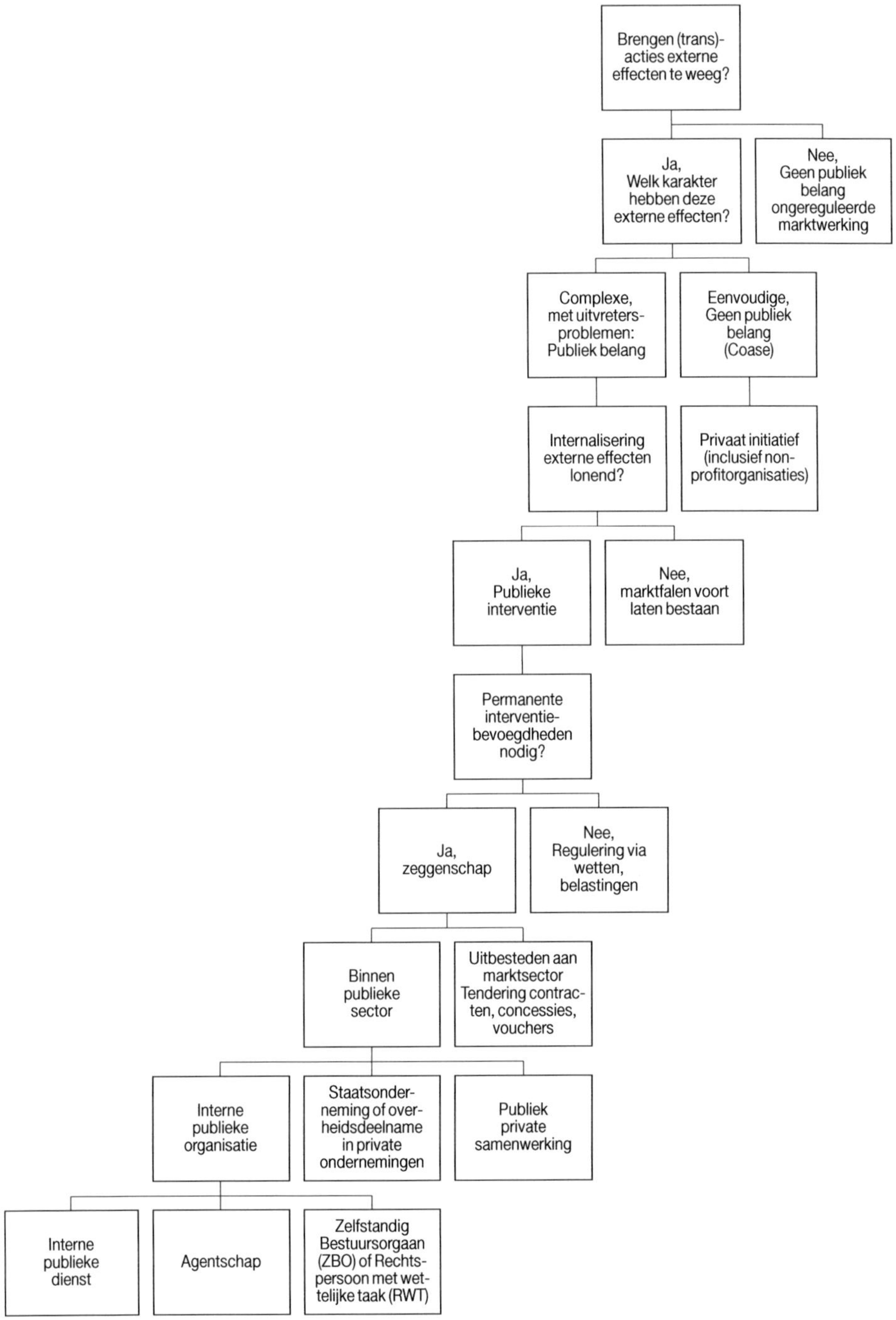

Indien de overheid belang hecht aan zeggenschap in de uitvoering van publieke taken, kan ze de taak uitbesteden of binnen de eigen muren te verzorgen. Dit is in feite een toepassing op de overheid van de fundamentele vraag die Coase (1937) stelde voor bedrijven: zelf doen of kopen? Moet een product binnen de muren van het bedrijf worden geproduceerd of kunnen anderen dat beter, zodat het voordeliger is het product door anderen te laten maken en het op de markt in te kopen? Het uitbesteden van een publieke taak benut specifieke kennis in de private sector. Dit ligt voor de hand wanneer het taken betreft waarover de politieke opdrachtgevers consensus hebben bereikt en wanneer men verwacht dat een bedrijfsmatige uitvoering tot aanzienlijke doelmatigheidswinsten leidt. Het gros van de publieke taken wordt echter binnen de muren van de overheid verzorgd. Daar houdt de politiek een directe greep op de uitvoering die zij te allen tijde kan bijsturen. De publieke organisatie is een amalgaam van instituties. De publieke sector kent een groot aantal organisatievormen (publiek-private samenwerking, overheids-NV of staatsonderneming, publieke dienst, agentschap of zelfstandig bestuursorgaan) waarbij de verschillen in de praktijk vaak slechts gradueel zijn.

De figuur overziend ontstaat een rangschikking van links naar rechts, van strak hiërarchische interventie van overheidszijde tot private transacties waarbij het voort laten bestaan van marktfalen ook nadrukkelijk tot de mogelijkheid behoort. De figuur begint weliswaar met de kernvraag rechts bovenaan: wel of niet ingrijpen. Idealiter moet er echter precies andersom worden gewerkt. Eerst moeten alle opties voor interventie worden doordacht, om daaruit het beste interventiealternatief te kunnen kiezen. Als laatste stap moet dat optimale interventiemodel dan worden afgewogen tegen het nulalternatief: niets doen. Nadenken over publieke belangen vraagt, met andere woorden, om recursief denken. In de praktijk is dit een simultaan proces, al was het maar omdat de overheid haar beleid moet bepalen onder grote onzekerheid over de kosten en baten van de alternatieven.

4.4.2 De weg van het compensatierecht

[...] nor shall private property be taken for public use, without just compensation.

U.S. Constitution, Amendment 5

Op 22 maart 1977 viel het kabinet-Den Uyl. De aanleiding was een onoverbrugbaar meningsverschil tussen PvdA en KVP over de grondpolitiek: hoe moesten eigenaren van grond worden gecompenseerd als de overheid die grond ten behoeve van uitbreidingsplannen wilde onteigenen? De gang van zaken had iets hilarisch: een kabinet dat zich vier jaar lang voortsleepte van het ene conflict naar het andere en dat in het zicht van de verkiezingen toch nog struikelde. Het onderwerp van het meningsverschil was de crisis echter waard. Landbouwgrond is er genoeg en die heeft bijgevolg slechts een beperkte marktwaarde. Sinds jaar en dag lopen boeren echter binnen op het moment dat hun grond een bestemmingswijziging ondergaat. Het waardeloze landbouwareaal verandert als bij toverslag in een begeerde bouwlocatie. Projectontwikkelaars en speculanten komen als vliegen op de stroop af, waardoor de waarde van de grond explosief stijgt.

Feitelijk is dit beeld niet geheel juist. Bestemmingswijzigingen komen niet als een donderslag bij heldere hemel. Een blik op de kaart geeft vaak al een redelijk inzicht waar de bouwlocaties van de toekomst zullen zijn: aan de rand van grote steden, in de buurt van grote stations en ver weg van lawaaierige industrieterreinen. En nog veel informatiever dan een blik op de kaart zijn de contacten met de Haagse politiek. De besluitvormingsprocedures zijn langdurig. Kremlinwatchers hebben via die band vaak al lang van tevoren zicht op hoe de hazen gaan lopen. Dus worden betreffende grondeigenaren lang van tevoren door speculanten bewerkt. In ruil voor een deel van de winst gaat de grond van de hand. Tegen de tijd dat in Den Haag de kogel eindelijk door de kerk gaat, is de meeste grond al lang en breed in het bezit van projectontwikkelaars.

Mag de overheid op het moment suprême, als de bestemmingswijziging de waardestijging bekrachtigt, de grond onteigenen zodat de waardestijging kan toevallen aan de gemeenschap? En zo ja, voor welke waarde moet de eigenaar worden vergoed: de waarde als landbouwgrond of de waarde als bouwlocatie? Nu is landbouwgrond onder de rook van een stad sowieso meer waard dan een gemiddelde akker. Is dat nu omdat de nabijheid van de stad leidt tot lagere transportkosten voor de aan- en afvoer van producten of omdat in die waarde al een deel van de waardestijging bij de vroeg of laat verwachte bestemmingswijziging is verdisconteerd? Welke grondprijs moet dan worden gehanteerd? De slang bijt zich hier in zijn eigen staart: als iedereen verwacht dat er gecompenseerd zal worden, dan is die compensatie in de grondprijs verdisconteerd. Compensatie op basis van de grondprijs wordt dan een self-fulfilling prophecy.

Over dit soort vragen struikelde het kabinet-Den Uyl in 1977. Het antwoord op deze vragen heeft een meer algemene strekking dan alleen de grondpolitiek. Zoals we eerder gezien hebben, behoudt de politiek zich altijd het recht voor om in uitzonderlijke omstandigheden in te grijpen in private eigendomsrechten. Het is nu eenmaal niet mogelijk om alle eigendomsrechten bij 'de schepping van de economie' eenduidig en efficiënt vast te leggen. Achteraf ingrijpen in de eigendomsrechten kan via nationalisatie van het privaat eigendom, maar ook via nieuwe wet- en regelgeving, die de waarde van de private eigendomsrechten beperkt. De vraag is of en wanneer de private eigenaren in die gevallen schadeloosgesteld moeten worden. Hoe beter private partijen gecompenseerd worden voor publiekrechtelijke ingrepen in hun eigendomsrechten, des beter weten zij zich beschermd tegen het berovingsprobleem: politici die er met de vruchten van de private investeringen vandoor gaan ten bate van allerlei hun welgevallige oogmerken. De verplichting tot compensatie heeft nog een ander groot voordeel: zij dwingt politici om ook de kosten van hun interventies in de kosten-batenanalyse te betrekken. Vandaar dat compensatie, naast de kracht van de logische beleidskeuze conform het boomdiagram in de vorige paragraaf, het belangrijkste hulpmiddel is om de interventieambities van politici te beteugelen. Volledige compensatie blijkt in de praktijk vaak echter niet mogelijk te zijn en blijkt bovendien ongewenste consequenties te kunnen hebben. Wij zullen de vragen waar het kabinet-Den Uyl in 1977 mee heeft geworsteld daarom hier weer oppakken.

Het gaat hier in feite om de vraag wat de optimale bescherming van privaat eigendom is. Deze exercitie is een zoektocht naar de grondslagen van het recht. De rechter krijgt in onze samenleving een steeds belangrijkere rol in de binding van de macht van de politiek. Ook de politiek moet zich daarom steeds meer beperken tot het uitruilen van belangen. Zo gaat het bij de compensatie voor de inbreuk in private eigendomsrechten door de overheid om het uitwisselen van particuliere belangen van de originele eigenaar tegen het publieke belang van de rest van de samenleving. We bezien hieronder wanneer de overheid flexibiliteit dient te verwerven bij het beschermen van publieke belangen door haar zelfbinding aan stabiele private eigendomsrechten af te kopen.

Kan de ingreep worden voorzien?

Mensen dienen niet gecompenseerd te worden voor een inbreuk van wet- en regelgeving op hun eigendomsrechten wanneer ze die inbreuk konden voorzien. Vanuit het verzekeringsperspectief is het niet efficiënt om mensen te compenseren voor schade die ze zelf kunnen beïnvloeden. Dit resulteert namelijk in moreel gevaar, omdat men zelf verantwoordelijk is voor de schade. Zo kan een bedrijf dat een giftige stof uitstoot voorzien dat de uitstoot daarvan inefficiënt is en dat die uitstoot daarom door de overheid verboden zal worden. Hetzelfde geldt voor iemand die een bouwwerk gaat optrekken in een laaggelegen gebied dat op de nominatie staat een overloopgebied voor rivierwater te worden. De overheid dient het bedrijf en het individu niet te compenseren als men de uitstoot verbiedt of de polder gaat bestemmen als overloopgebied. Dat zou burgers alleen maar aanmoedigen inefficiënte acties te ondernemen.

Dat bij een voorziene ingreep geen compensatie nodig is, stimuleert de overheid om maatregelen tijdig aan te kondigen. Door nieuwe maatregelen geleidelijk in te voeren voorkomt de overheid een grootschalige aantasting van bestaande eigendomsrechten met de bijbehorende omvangrijke schadeclaims. Vandaar dat de overheid bij een verandering van wet- en regelgeving bestaande gevallen vaak ontziet. De verandering in WAO-wetgeving, de fiscale lijfrentefaciliteiten en de fiscale begunstiging van prepensioen en VUT zijn goede voorbeelden van dit principe. Oudere generaties hebben de nieuwe wetgeving niet kunnen voorzien en kunnen dus ook niet verantwoordelijk gesteld worden voor acties die volgens nieuwe inzichten inefficiënt blijken te zijn.

Is de ingreep efficiënt?

De overheid moet dus voorzienbare politieke interventies niet compenseren. Bijgevolg zal zij inefficiënte interventies in het algemeen wel moeten compenseren, omdat die moeilijker te anticiperen zijn. Bovendien behoedt deze compensatieverplichting de overheid voor inefficiënte acties, waarbij een meerderheid een kleine minderheid in feite besteelt. Dergelijke ingrepen zouden in aanzienlijke berovingsproblemen resulteren waarbij investeerders vrezen dat ze zullen worden bestolen door de meerderheid, zodat ze maar van hun investeringen afzien.

Door de meerderheid te dwingen de minderheid te compenseren, wordt de meerderheid direct geconfronteerd met de negatieve effecten van haar acties voor anderen. Dit dient een goede afweging van kosten en baten. Denk bijvoorbeeld aan de aanleg van de Betuwelijn waarbij bestaande bewoners en natuurliefhebbers gecompenseerd worden voor het verlies aan rust. Een dergelijke kosten-batenanalyse stimuleert het denken in termen van een ruil tussen verschillende belanghebbenden.

Zijn er alternatieve mechanismen om risico's te dekken?

Voor de vraag of de overheid burgers tegen politieke risico's moet verzekeren is het van belang of mensen zich op de markt tegen de politieke risico's kunnen verzekeren of dat zij de risico's kunnen uitsmeren in de tijd. Dit laatste is beter mogelijk als de tegenvallers in de loop der tijd negatief met elkaar samenhangen:

soms is er een tegenvaller, maar die wordt in de toekomst waarschijnlijk wel weer eens gecompenseerd door een meevaller. Zo wordt een hogere prijs van het treinkaartje voor de meeste forensen gecompenseerd door lagere inkomstenbelastingtarieven als gevolg van lagere subsidies aan de NS. Door verschillende hervormingen met elkaar te verbinden, in dit geval een hogere prijs van treinkaartjes en lagere tarieven in de inkomstenbelasting, ontstaan meer mogelijkheden voor compensatie.

De geloofwaardigheid van compensatie

Bij het verstrekken van compensatie worstelt de overheid soms met een aanzienlijk geloofwaardigheidsprobleem. Neem als voorbeeld het vervangen van productiesubsidies in de landbouw door inkomenssteun die niet gerelateerd is aan de landbouwproductie. Hiermee wordt een doelmatige allocatie van middelen gediend: productiemiddelen die nu nog verspild worden in de landbouwsector komen vrij voor andere doeleinden. De agrarische sector betwijfelt echter of deze compensatie wel geloofwaardig is. Als boeren het platteland verlaten neemt immers ook hun politieke macht af. Omdat de overheid zich niet geloofwaardig kan binden om voor een lange reeks van jaren de inkomenssteun te blijven betalen, zijn de boeren niet bereid hun productiesubsidies op te geven. Men beseft dat het politieke draagvlak voor blijvende inkomenssteun aan de agrarische sector staat of valt met een groot aantal jonge, actieve boeren. Om dit laatste te bereiken, verzet de agrarische sector zich tegen het afbouwen van de verspillende landbouwsubsidies. Dit is de prijs die wordt betaald voor de gebrekkige mogelijkheden van de politiek om zich te binden aan toekomstig beleid.

Analoge problemen spelen bij de discussie over de nominalisering van de ziekenfondspremie. Is compensatie van hogere ziektekosten voor lagere inkomensgroepen via de belastingen net zo geloofwaardig als via de rijksbijdrage aan de ziekenfondsen? Door kruissubsidies expliciet te maken vrezen sommigen dat het politieke draagvlak voor deze subsidies zal afnemen. De wens van de politiek om zich geloofwaardig te kunnen binden, verklaart de voorkeur van politici voor het oormerken van bepaalde inkomsten. Dit dient het vertrouwen dat bevolkingsgroepen ook in de toekomst gecompenseerd zullen worden voor mogelijke extra heffingen en komt daarmee de stabiliteit van private eigendomsrechten ten goede.

Heeft de overheid een betrouwbare reputatie?

Als de overheid een reputatie geniet voor het beschermen van private eigendomsrechten, dan ligt het voor de hand dat aangetaste eigendomsrechten worden gecompenseerd. Eigenaren kunnen immers niet goed voorzien dat de 'betrouwbare' overheid eigendomsrechten eenzijdig verandert zonder daarvoor eigenaren te compenseren. De reputatie van de overheid bindt diezelfde overheid aan haar beloften. Het zet burgers aan de overheid te vertrouwen bij het beschermen van eigendomsrechten.

Bovendien zal de overheid haar reputatie van betrouwbaarheid willen beschermen door eigenaren te compenseren voor de inbreuk die zij maakt op hun eigendomsrechten. Anders dreigt het berovingsprobleem door willekeurige belastingheffing. Private investeerders worden huiverig om te investeren, omdat zij vrezen dat de overheid private eigendomsrechten niet goed beschermt. Compensatie is vooral geboden wanneer het schenden van eigendomsrechten grote gevolgen heeft voor de reputatie van betrouwbaarheid van de overheid op velerlei terreinen. Het is de prijs die de overheid moet betalen voor het behoud van haar reputatie. Door zichzelf met deze kosten te confronteren, internaliseert de overheid de kosten van het flexibel inspelen op onvoorziene externe effecten.

Dit laatste argument maakt duidelijk waarom de definitie van publieke belangen zozeer belast is met een historische erfenis. Naarmate de politiek een reputatie van non-interventie heeft opgebouwd, zal zij private eigenaren beter moeten compenseren indien zij bij wijze van uitzondering toch wil interveniëren. De compensatie maakt interventie voor de politiek kostbaar en alleen daarom al minder aantrekkelijk. Dit versterkt de reputatie van non-interventie, waardoor toekomstige interventies nog moeilijker worden. Omgekeerd, als de politiek voortdurend ingrijpt zonder te compenseren, heeft zij bij iedere volgende interventie niets te verliezen. Het voorbeeld is al eerder aangehaald: het contrast tussen de situatie op Schiphol en die op het spoor illustreert de realiteit van dit onderscheid: op Schiphol kan een passagier noodgedwongen een nacht op een veldbed doorbrengen zonder dat er een Kamerlid naar kraait, op het spoor is het kleinste beetje vertraging al aanleiding tot een Kamerdebat. Een soortgelijke situatie doet zich voor bij de benzinestations langs de snelwegen: de noodzaak om bestaande eigenaren te compenseren voor de waarde van ingeleverde monopoliemacht maakte interventie tot een minder aanlokkelijk alternatief. Een laatste voorbeeld is de hervorming van de gezondheidszorg: als de interventiebevoegdheid via een privaatrechtelijke regeling eenmaal uit handen is gegeven, is er vaak geen eenvoudige weg meer terug.

Wil dit zeggen dat het lood om oud ijzer is of de politiek al dan niet een reputatie van non-interventie opbouwt? Is die reputatie niet ook een nadeel, omdat zij de kosten van wél interveniëren opjaagt? Het antwoord is duidelijk 'nee'. Maatschappelijk valt er veel bij te winnen indien de politiek zich kan binden aan een beleid van non-interventie: alleen dan optreden als dat echt de moeite loont. Het is net als bij een herhaald gevangenendilemma: de verleiding van het kortetermijngewin van het verraad van de medegevangene staat in de weg van het langetermijnvoordeel van de opbouw van een goede reputatie.

Deze logica heeft één belangrijke consequentie. Naarmate eigendomsrechten beter worden beschermd tegen politieke interventies en naarmate de macht van de politiek het aflegt tegen de kracht van de rede, verliest de politiek ook meer en meer het recht van handelen en spreken op haar laatste speelveld, de inkomensverdeling. Politici mogen graag pleiten voor een verzorgingsstaat die hulpbehoevende burgers beschermt tegen de inkomensgevolgen van ziekte en arbeidsongeschiktheid en die inkomen doorsluist van hoog naar laag. Politici moeten die herverdeling echter vastleggen in stabiele regels en wetten. Die wetten beschermen private eigendomsrechten tegen 'beroving' door politici. Indien deze wetten enig effect sorteren dan moeten zij daarna niet steeds opnieuw ter discussie worden gesteld. Datzelfde geldt voor ad-hocinterventies in eigendomsrechten. Na de 'scheppingsdag' van James Buchanan zullen interventies in bestaande eigendomsrechten nodig blijven om nieuwe publieke belangen veilig te stellen. Het is echter steeds meer aan de rechter om te bepalen of én hoe private partijen daarvoor moeten worden gecompenseerd. Daarmee vervalt ook dit kanaal van politieke beïnvloeding van de inkomensverdeling. De onvermijdelijke consequentie is dat de inkomensverdeling een steeds beperktere plaats op de politieke agenda zal innemen. Ingrepen zijn eigenlijk alleen nog maar te verdedigen als correcties; correcties van inmiddels overbodige politieke interventies uit het verleden of ter behartiging van publieke belangen van de toekomst. Alleen al een discussie over nieuwe vormen van herverdeling ontmoedigt particulier initiatief. En dat is precies wat in de hedendaagse politieke praktijk speelt: de discussie over de inkomensverdeling is de afgelopen decennia tot rust gekomen. De VVD heeft haar plannen voor denivellering gematigd, de PvdA aanvaardt in grote lijnen de huidige inkomensverschillen. In dat opzicht wordt de politiek er alleen maar saaier op.

4.5 De cirkel gesloten

'What are the rights which produce certain results?' Ronald Coase, de vader van het idee dat externe effecten ook door private transacties kunnen worden opgelost, stelde deze vraag voortdurend gedurende zijn indrukwekkende carrière. Het stellen van de vraag dwingt ons om kennis te vergaren over hoe markten en bedrijven in de praktijk werken, hoe burgers denken en doen en hoe de politiek in elkaar steekt. Regels beginnen pas hun kracht te tonen wanneer ze nageleefd worden en het doel bereiken waarvoor ze ingesteld zijn. Nu we aan het einde van dit boek gekomen zijn, kunnen we de cirkel sluiten. Publieke belangen ontstaan wanneer er externe effecten bestaan die de transactie- en overlegmogelijkheden van individuele burgers ontstijgen. Het bouwen van deltawerken en dijken, het handhaven van een bepaald onderwijsniveau, het onderhouden van een rechtssysteem, het bieden van sociale zekerheid of het zorgdragen voor een fatsoenlijke inkomensverdeling: het zijn allemaal activiteiten die samenwerking en coördinatie vereisen, activiteiten die in de schaduw van collectieve dwang tot uitvoering komen.

We hebben gezien dat in het Utopia van James Buchanan (1975) alle eigendomsrechten bij het schrijven van de grondwet – de verzameling van spelregels die mensen bindt en waar overeenstemming over bestaat – eenduidig worden vastgelegd. Na deze dag van de schepping bepalen ieders rechten en vrijwillige transacties van die rechten de verdere ontwikkeling van de samenleving. Dit Utopia zal echter niet kunnen bestaan. De politiek behoudt de mogelijkheid in te grijpen in eigendomsrechten wanneer nieuwe publieke belangen daarom vragen.

De interventiebevoegdheid van de overheid wordt echter aan twee zijden ingeperkt. Ten eerste moet een interventie zoveel mogelijk tijdelijk zijn. Een nieuw publiek belang vraagt om ingrijpen van de politiek. Maar de politiek moet zo snel mogelijk die interventie omzetten in vast beleid, gebaseerd op stabiele en dus voorspelbare regels. Private partijen weten dan waar ze aan toe zijn, ze kennen de nieuwe spelregels en kunnen dan binnen die regels weer naar eigen inzicht hun belangen behartigen. Een tweede inperking van de politieke interventiebevoegdheid is de compensatieverplichting van private eigendomsrechten die door die interventie geschonden zijn. Rechters bepalen in belangrijke mate of compensatie geboden is of niet. Zij hebben daarmee ongemerkt een belangrijke stem gekregen in de weging van het publieke belang. Het gezonde verstand en de algemene beginselen van behoorlijk bestuur komen daarmee in de plaats van de politiek opportunisme; althans, dat mag men hopen.

Beginselen en gezond verstand vullen dan de gaten in het Utopia van Buchanan: *in die gevallen waarin de grondwet niet voorziet, daar beschikt de rechter op basis van beginselen en verstand.* Niet voor niets is de verhouding tussen rechterlijke macht en politici regelmatig gespannen. Rechters zagen aan de stoelpoten van de politiek, en zoals hier blijkt met goede reden. Ook dit is een kwestie van reputaties: rechters moeten bouwen aan een reputatie van onkreukbaarheid, politici moeten bouwen aan een reputatie van respect voor de rechterlijke macht. De macht van het politieke getal wordt daarmee geleidelijk vervangen door de kracht van de rede.

Literatuur

Acemoglu, D., 2003, Why Not a Political Coase Theorem? Social Conflict, Commitment and Politics, *Journal of Comparative Economics*, 31: 620-652

Acemoglu, D., S. Johnson en J. Robinson, 2002, Reversal of Fortune: Geography and Institutions in the Making of the Modern World Income Distribution, *Quarterly Journal of Economics*, 117: 1231-1294

Bairoch, P., 1988, *Cities and Economic Development – From the Dawn of History to the Present*, University of Chicago Press, Chicago

Binmore, K., 1994, *Game Theory and the Social Contract*, Vol. 1 en 2, MIT Press, Cambridge MA

Bloom, A., 1987, *The Closing of the American Mind*, Simon & Schuster Inc., New York

Bradford de Long, J., en A. Shleifer, 1993, Princes and Merchants: European City Growth Before the Industrial Revolution, *Journal of Law and Economics*, 36: 671-702

Buchanan, J.M., 1975, A Contractarian Paradigm for Applying Economic Theory, *American Economic Review*, 65: 225-230

Buchanan, J.M., 1987, The Constitution of Economic Policy, *American Economic Review*, 77: 243-250

Coase, R.H., 1937, The Nature of the Firm, *Economica*, 4: 386-405

Coase, R.H., 1959, The Federal Communications Commission, *Journal of Law and Economics*, 1-40

Coase, R.H., 1960, The Problem of Social Cost, *Journal of Law and Economics*, 1: 1-44

Coase, R.H., 1974, The Lighthouse in Economics, *Journal of Law and Economics*, 17: 357-376

Coase, R.H., 1992, The Institutional Structure of Production, *American Economic Review*, 82: 713-719

Diamond, J., 1997, *Guns, Germs and Steel. A Short History of Everybody for the Last 13,000 Years*, Random House

Dixit, A.K., 2002, Incentives and Organizations in the Public Sector: An Interpretative Review, *Journal of Human Resources*, 37: 696-727

Doherty, B., 1995, Best of Both Worlds – Interview with Milton Friedman, *Reason Magazine*, June 1995

Finer, S.E., 1997, *The History of Government*, Part I, II and III, Oxford University Press, Oxford

Frank, R.H., 2000, Why is Cost-Benefit Analysis so Controversial?, *Journal of Legal Studies*, 24: 913-930

Friedman, M., 1962, *Capitalism and Freedom*, University of Chicago Press, Chicago

Frissen, P.H.A., 1996, *De virtuele staat, politiek, bestuur, technologie: een postmodern verhaal*, Academic Service, Schoonhoven

Gambetta, D., 1988, *The Sicilian Mafia – The Business of Private Protection*, Harvard University Press, Cambridge MA

Geelhoed, A., 1996, Geloofwaardigheid en vertrouwen, *Economisch Statistische Berichten*, 81, nr 4039: 4-9

Hayek, F.A. von, 1945, The Use of Knowledge in Society, *American Economic Review*, 35: 519-530

Hayek, F.A. von, 1960, *The Constitution of Liberty*, Routledge & Kegan Paul Ltd, London

Hazlett, T.W., 1997, Looking for Results – An interview with Ronald H. Coase, *Reason magazine*, January 1997

Kitch, E.W., 1983, The Fire of Truth: A Remembrance of Law and Economics at Chicago, 1932-1970, *Journal of Law and Economics*, 26: 163-234

Nozick, R., 1974, *Anarchy, State, and Utopia*, Blackwell, Oxford

Marshall, A., 1907, The Social Possibilities of Chivalry, *Economic Journal*, 17: 7-29

Persson, T., en G. Tabellini, 2003, *The Economic of Effect of Constitutions*, MIT Press, Cambridge MA

Peter, L.J., en R. Hull, 1970, *The Peter Principle*, Bamtam, New York

Pigou, A.C., 1921, *The Economics of Welfare*, MacMillan, London

Posner, R., 1981, *The Economics of Justice*, Harvard University Press, Cambridge MA

Prendergast, C., 2003, The Limits of Bureaucratic Efficiency, *Journal of Political Economy*, 111: 929-958

Resnick M., 2000, *Turtles, Termites, and Traffic Jams – Explorations in Massively Parallel Microworlds*, MIT Press, Cambridge MA

Simon, H.A., 1946, The Proverbs of Administration, *Public Administration Review*, 6: 53-67

Shleifer, A. en R.W. Vishny, 1998, *The Grabbing Hand – Government Pathologies and their Cures*, Harvard University Press, Cambridge MA

Smith, A., 1759, *The Theory of Moral Sentiments*, editie 1976, Liberty Classics, Indianapolis

Smith, A., 1776, *An Inquiry into the Nature and Causes of the Wealth of Nations*, editie 1976, Liberty Classics, Indianapolis

Stigler, G.J., 1966, *The Theory of Price*, 3de editie, MacMillan, London

Stigler, G.J., 1982, *The Economist as Preacher*, Basil Blackwell, Oxford

Stigler, G.J., 1988, *Memoirs of an Unregulated Economist*, Basic Books, New York

Swaan, A. de, 1989, *Zorg en de staat*, Uitgeverij Bert Bakker, Amsterdam

Teulings, C.N., A.L. Bovenberg, en H.P. van Dalen, 2003, *De Calculus van het publieke belang*, Kenniscentrum voor Marktordeningsvraagstukken, Den Haag

Wilson, E.O., 1998, *Consilience – The Unity of Knowledge*, Little, Brown and Company, London

Personenregister

Trefwoordenregister

Printed in Dunstable, United Kingdom

91336273R00091